# EL MUNDIAL DE MESSI

Y DE LA ARGENTINA DE SCALONI

ALEJANDRO WALL
GASTÓN EDUL

# EL MUNDIAL DE MESSI

## Y DE LA ARGENTINA DE SCALONI

geoPlaneta

EL MUNDIAL DE MESSI Y DE LA ARGENTINA DE SCALONI
1.ª edición
**geoPlaneta**
Diagonal 662-664. 08034 Barcelona
info@geoplaneta.es - www.geoplaneta.com


Título original: *La tercera*
Primera edición en Argentina: febrero del 2023

ISBN: 978-84-08-27371-4
Depósito legal: B. 5448-2023
Impresión y encuadernación: Huertas
*Printed in Spain* — Impreso en España

*A Silvana, Emir, Guido y Esteban,*
*por formarme, empujarme*
*y después abrazarme.*
Gastón Edul

*A mi viejo Osvaldo, que vio a Maradona*
*campeón del mundo.*
*A mis hijos Camilo y Santiago,*
*que vieron a Messi campeón del mundo.*
Alejandro Wall

# Prólogo

Por Ezequiel Fernández Moores

Habían pasado doce días desde que Leo Messi levantó la copa en el Estadio Lusail, cubierto de una túnica árabe negra que había irritado a Occidente. Esa madrugada del 30 de diciembre en el aeropuerto de Doha, ya sin hinchas mundialistas en Qatar, creo que yo era el único no negro, no árabe, no africano y no musulmán en el vuelo de Ethiopian Airlines hacia Adís Abeba. Me hubiese resultado más cómodo que hablaran español (o al menos inglés). Pero la tripulación era mayoritariamente africana. Pasajeros de Etiopía, y también de Ruanda, Senegal, Kenia. No vi ningún pasaporte europeo en los controles. Ni siquiera pasajeros blancos. Fue la confirmación de que la máxima fiesta futbolera de nuestra historia había sucedido en el escenario más extraño posible. Y con Messi envuelto en esa capa negra con dorados, el *bisht* qatarí con el que lo distinguió el emir jeque Tamim bin Hamad Al Thani.

Buena parte de la prensa occidental, especialmente medios de Estados Unidos e Inglaterra, se escandalizaron y acusaron a Qatar de haber «arruinado» y «secuestrado» la celebración argentina. Ni siquiera sabían que la toga árabe es el origen de las togas que usan las universidades de élite de Occidente para distinguir a sus estudiantes en las ceremonias de graduación. «Vestir a Messi con un *bisht*», tuiteó días después la viceministra de Relaciones Exteriores de Qatar, Lolwah Al-Khater, «volvió locos a muchos supremacistas eurocéntricos. ¿Saben que sus togas de graduación provienen de la toga árabe?». La funcionaria recordó que la tradición de la toga comenzó en el año 859 en la universidad marroquí Al-Qarawiyyin, fundada «por cierto» por una mujer musulmana, Fátima al-Fihri. «¿Demasiado para tu fantasía colonial?», ironizó Al-Khater.

Marruecos, justamente, había sido la selección sensación en Qatar. Primer semifinalista africano, árabe y musulmán en la historia de los Mundiales, su selección le había dado sentido local a la Copa. Allí estaba su historia conmovedora de jugadores nacidos en la diáspora europea, pero que eligieron representar al país de sus padres.

Los progenitores permanecieron con el equipo en Qatar para que los hijos jugadores tuvieran siempre cerca las raíces. Sin embargo, esa selección que además de abrazarse con los padres también celebraba sus triunfos agitando banderas palestinas (reivindicación árabe al pueblo ocupado) había sido descalificada días antes por un medio alemán que describió a sus jugadores como monos y terroristas del ISIS.

¿Sabrían los especialistas de la BBC o los periodistas de Estados Unidos que describieron el *bisht* de Messi como «una capa de peluquería» o «de Victoria Secret» el largo viaje de la prenda a sus universidades? ¿Sabrían algo del motor identitario que impulsó a Marruecos a eliminar a España, Bélgica y Portugal y ofrecerle durísima resistencia a Francia en la segunda semifinal de Qatar? ¿Por qué no hubo quejas similares a las del *bisht* cuando, por ejemplo, a Pelé le pusieron un típico sombrero mexicano en la celebración del Mundial de 1970? ¿Se habló allí de ceremonia «arruinada» y «secuestrada» por México? Lo que sucedió en el Mundial de Qatar se llama islamofobia. Por suerte existe el fútbol. Con todos sus defectos, la pelota es un espejo eternamente más generoso que el mundo real.

Es cierto, mientras Occidente denuncia explotación y Oriente, hipocresía, el capital trasnacional acumula riqueza. Y no se trata solo de la FIFA, villana predilecta, sino también de todas las empresas y gobiernos del llamado primer mundo que hicieron, hacen y harán negocios con la monarquía autocrática que gobierna Qatar y con las que mandan en el resto del Golfo. ¿No fue algo obsceno que la Casa Blanca anunciara una millonaria venta de armas a Qatar en el mismo momento que Irán y Estados Unidos jugaban el partido más politizado de la Copa más politizada en la historia del fútbol? ¿Cómo evitar la trampa de sumarse a la hipocresía occidental y no callar al mismo tiempo el maltrato de Qatar a sus trabajadores migrantes y diversidades sexuales? ¿A ese mundo idealizado por algunos líderes supuestamente democráticos porque Qatar, dicen ellos impunes, carece de sindicatos que «traban» el camino hacia la «modernidad»? ¿Qatar es el pasado o es el futuro?

¿Cómo hacerlo, además, desde nuestra perspectiva de sur y tercer mundo? ¿Cómo hacerlo sin recordar que el sistema de explotación laboral llamado *kafala*, y gracias al cual Qatar construyó su modernidad y su Mundial maltratando a obreros migrantes, había sido impuesto por un burócrata colonial británico llamado Charles Belgrave? Veterano de la Primera Guerra Mundial, Belgrave ayudó a dividir la región en pequeños Estados para tener siempre gobiernos amigos del libre mercado que aseguraran los intereses de su país aún mucho antes de que apareciera el petróleo que enriqueció y hasta terminó permitiéndole al Golfo ganarle batallas al propio primer mundo. ¿O no fue eso lo que sucedió cuando en 2010 la FIFA le dio a Qatar el Mundial de 2022, derrotando por catorce votos contra ocho nada menos que a Estados Unidos? Superpolicía mundial, Estados Unidos respondió a la afrenta usando al FBI para hacer estallar el FIFAGate, el mayor escándalo de corrupción del deporte que terminó destronando a Joseph Blatter y precipitando al nuevo presidente Gianni Infantino. Y, última pregunta, ¿cómo recordar que en el mundo hubo colonizadores y colonizados sin sumarnos al discurso histórico pero oportunista de Infantino cuando en la apertura del Mundial denunció la hipocresía del Occidente colonizador?

Son todas preguntas que debatíamos con Alejandro Wall ya antes de ir a Qatar. Respetados colegas nos avisaban desde Europa de que no irían al Mundial en repudio a Qatar. Fue un punto que jamás se nos cruzó por la cabeza (nuestra preocupación era cómo conseguir el dinero necesario para cubrir la Copa, inquietud claramente tercermundista). Con Alejandro iniciamos coberturas conjuntas en Brasil 2014. Allí no dudamos en abandonar una conferencia de prensa del DT Alejandro Sabella que sería televisada en directo a la Argentina, es decir, vista por todos, para ir en cambio donde no había nadie, al mayor asentamiento de tierras en São Paulo, y averiguar cómo miraban el Mundial los eternos expulsados del sistema. Cómo gritaban ellos un gol de Neymar y seguían igualmente firmes luchando por sus derechos. Repetimos en Rusia 2018 con una experiencia ampliada que llamamos Casa Taganskaya. De madrugada, finalizado el trabajo, nos filmábamos y subíamos a las redes nuestros debates sobre fútbol, Rusia y periodismo junto con los colegas Daniel Arcucci, Marcelo Gantman y Martín Golbart. Hicimos más de siete mil kilómetros en auto recorriendo Brasil. En Rusia nos llevaron los trenes. Noches enteras. Y noches blancas en San Petersburgo.

A Qatar fuimos con Ale y Dani (Wall y Arcucci) y sumando al sociólogo argentino-mexicano Fernando Segura. Supervisados por las cámaras de Armando Meneses, sumamos a nuestros respectivos trabajos una «tertulia» mundialista para el Canal 14 de la TV pública de México. Fútbol, pero también política, religión y Medio Oriente. Y siempre evitando la narrativa occidental. La misma que hasta llegó a sugerir que el querido colega estadounidense Grant Wahl, fallecido por problemas cardíacos en pleno partido Argentina-Países Bajos, había sido asesinado por Qatar porque días antes había querido ingresar a un estadio con una remera LGBTQ+. La aclaración posterior, suele suceder, fue pequeña ante los titulares masivos que habían sugerido el complot. Todo lo previo en Qatar invitaba al desastre. Difícil admitir luego que el Mundial terminó siendo casi perfecto. Sin la fiesta tradicional de hinchas europeos, cierto. Pero sí se llenó de habitantes de una región superpoblada, con cultura y religión distintas, miles de ellos, indios, nepalíes y bangladesíes, con la camiseta 10 de Argentina que decía «Messi». ¿No merece ser noticia esa fiesta más lejana? Haber sido testigo tan cercano de cierta manipulación informativa me acercó a quienes creen que el periodismo es a veces una misión imposible.

Por suerte, y aun con toda su mirada crítica sobre el ejercicio de la profesión, hay colegas obstinados como Alejandro Wall que viajan a los Mundiales para seguir haciendo periodismo. Para salir a la calle y recorrer no solo estadios, sino también campamentos de trabajadores migrantes (imposible olvidar nuestra tarde-noche en Asian Town, ese escenario de hombres solos, superamables y hacinados). Wall es escuchar, pensar y escribir. Y hacerlo de modo riguroso y además bello. Todos los días. Todas las horas. Y con mirada propia. Sin creer que el *bisht* es una manipulación qatarí para adueñarse de la fiesta argentina. Sin pretender que en un avión africano hablen español. Alejandro suele reprocharme cierta moderación a la hora de la euforia colectiva en nuestra ubicación de prensa en el estadio. Le recuerdo, con jactancia, claro, que ya he visto como periodista a la Argentina campeona de 1978 y de 1986. Aprovechando mis días extras en Qatar, le mandé también mi foto en el mercado Souq Waqif posando con el *bisht* de Messi. Lo habían hecho antes decenas y decenas de hinchas, ajenos todos a la irritación de Occidente, felices en cambio, prolongando la fiesta con la túnica negra. Todos éramos Messi.

En esas horas, Alejandro ya tenía su cabeza en la Argentina. En la familia y en el inolvidable carnaval colectivo de fin de año que explotó en las calles de Buenos Aires para recibir a la selección campeona. Los títulos de 1978 y 1986 tuvieron su historia particular, claro, pero el de Qatar incluía un vínculo emocional del equipo con la ilusión popular. Fue único. ¿Cómo no contar entonces el proceso de Lionel Scaloni DT inédito, su inicio difícil, el Maracaná, el invicto eterno, las lesiones que movieron todo y abrieron el Mundial con derrota inesperada y la reconstrucción inmediata que terminó en la fiesta de un Messi dorado? Sumar al proyecto al colega Gastón Edul reforzó credibilidad. Recuerdo que nos saludamos con Gastón apenas comenzado el Mundial, y creo que sin conocernos previamente. Es mucho más joven, pero lo saludé como a un colega de años. Me sucede con los colegas que siento que respetan el oficio. Su trabajo bien cerca de la selección es una gema en un medio mucho más complejo como el de la televisión, que impone presiones distintas, y que no siempre se resuelven del mejor modo. Con Gastón se sumaron ojos más cercanos («acercarse para escuchar, alejarse para escribir»). Y saber que un problema en el proceso de construcción de un equipo no es una «bomba». Es un problema. En todo esto, en cómo dejar algún documento sobre el mes más intenso de nuestra historia futbolera, pensaba Alejandro Wall en medio de toda la euforia. Esta crónica eterna es una joya. Respira fútbol. Es puro periodismo. Es el sueño concretado en ese país extraño llamado Qatar.

# Desde adentro

**Por Gastón Edul**

Trabajar en el campo de juego durante los partidos tiene una gran desventaja, pero también una gran ventaja. El punto negativo es que ves a todos los jugadores en la misma perspectiva y no comprendés bien lo que pasa en el partido. Por ejemplo, no tomé noción de la esplendidez de la asistencia de Leo Messi a Nahuel Molina contra Países Bajos hasta que lo vi por TV. La gran ventaja de estar al lado de los bancos de suplentes es que escuchás todo. En realidad, escuchás los verdaderos sonidos de un partido: indicaciones, golpes, puteadas y demás.

Argentina-Países Bajos fue el partido más picante y batallado del Mundial. Los insultos iban y venían de ambos equipos. El árbitro —Mateu Lahoz— no pudo controlarlo y revoleaba tarjetas para todos lados. Eso, lejos de aquietar los ánimos, calentó más a todos. Y así fue ese histórico pospartido. Yo sabía que iba a tener que estar lúcido porque hasta el último segundo previo a las entrevistas no sabía si tenía que hacer notas eufóricas por pasar a semifinales o era el fin del sueño con la eliminación por penales. Cuando acababa de ubicarme en la puerta del vestuario visitante —para el caso, Argentina—, el Estadio Lusail explotó con las atajadas de Dibu Martínez y la certeza de jugar los siete partidos.

Cinco minutos después, empezaron a llegar los jugadores argentinos y neerlandeses. Van Dijk todavía estaba enojado con Otamendi, Van Gaal entró rápido y rodeado por Edgar Davies y sus colaboradores después de los entredichos con Messi. Lahoz seguía discutiendo con el cuerpo técnico de la selección argentina. No entendían por qué había dado diez minutos de adición. Unos minutos más tarde, empezó la previa de la declaración histórica del capitán de la selección. A él se lo había visto especialmente enojado. «Hicieron enojar a la bestia», dijo Dibu Martínez. «Es poco estratégico mojarle la oreja a Messi antes de un partido», declaró Scaloni.

Veo venir al capitán Leo Messi para hacer la entrevista que nos daba después de cada partido. Cuando se está acercando, un neerlandés de 1,97 de estatura le tironea la camiseta desde atrás. Era Wout Weghorst, el autor de los dos goles. Messi ni siquiera se frena a discutir y sigue de largo algunos pasos. Ahí es cuando Weghorst se queda mirándolo fijo y serio. El problema era que estábamos por empezar la nota y no podía ni quería ponerlo al aire discutiendo. Pero tampoco era algo que pudiese manejar yo. Entonces, antes de ir en vivo, le digo dos veces: «Leo, cuidado que venimos». No me escucha. Entonces le sacudo el hombro izquierdo. Tampoco me mira. «Aire», me cantan por el auricular. Messi se percata de que «el holandés» lo sigue mirando y ahí explota: «Qué mirá, bobo, qué mirá, bobo. Andá, andá p'allá, bobo».

No pensé mucho mi reacción. En ese momento, le dije lo que hubiese dicho fuera del aire, le pedí que estuviese tranquilo. No me fui con una sensación de euforia o alegría por esa declaración que resultaría icónica. Al revés. Estaba preocupado porque no me gustaba nada la idea de haber contribuido a su enojo, ni tampoco sabía qué repercusión podía tener. Un rato después, cuando hablé con gente muy cercana a él y vi que se reían de la declaración, me relajé. Inclusive Messi lo tomó como algo gracioso y, a su modo, memorable. Una frase que generó identificación en todos. Principalmente porque lo dijo en argentino. O mejor todavía: lo dijo en rosarino.

De estas experiencias se nutre este libro.

# Desde afuera

**Por Alejandro Wall**

Un rato después de que la fiesta se terminara en el Lusail, pregunté a algunos amigos que estaban en Qatar dónde se seguía. No tuve respuesta. Nadie sabía bien en qué lugar de Doha se podía celebrar. Era una dispersión. Así que me volví al departamento de La Perla que compartía con Ezequiel Fernández Moores, Daniel Arcucci y Fernando Segura. Sabía que ahí habría vino para brindar porque lo habíamos asegurado un tiempo antes. En la calle cada tanto resonaba un bocinazo, algún auto de alta gama qatarí con bandera argentina. Al llegar, ya de madrugada, Ezequiel escribía. Fernando, un mexicano que creció en la Argentina, todavía estaba eufórico. Dani no había llegado de su trabajo en la televisión, siempre con horarios argentinos.

Me serví una copa de vino y me fui al balcón con vista a la inmensidad del Golfo. Desde ahí también podía ver las luces de los edificios de West Bay, el *skyline* de Doha. ¿Esto es salir campeón del mundo? Más temprano habíamos hecho una videollamada con mis hijos y mi familia. Unos días antes de la final pensé: ¿dónde tenía que estar? ¿En Qatar o en la Argentina con ellos? No lo sabía, no tenía una respuesta, pero mi primera reacción era que quería estar con mis hijos. Mis amigos en Qatar me convencieron de que estaba en el lugar que correspondía, que estaba haciendo mi trabajo. Pero cuando volví del Lusail después de ver la final, después de ver a la Argentina campeona del mundo, sentí la soledad más tremenda. Era la soledad del enviado. Estaba solo y lo único que hacía era mirar los videos de WhatsApp, los que me mostraban mis hijos, mis amigos, *scrolleaba* Twitter buscando imágenes, descubriendo cosas nuevas de lo que había sido la ceremonia en la cancha. Envidiaba a los que en ese momento estaban en esa fiesta porque el fútbol es algo que se comparte con otros, con los nuestros, con quienes nos queremos abrazar.

Qatar me había costado mucho los primeros días. Sus distancias engañosas, sus ciudades diseñadas para los autos, los estadios más lejanos, el calor afuera y el frío del aire acondicionado adentro. Al poco tiempo comprendí que esto sería inigualable. En los Mundiales anteriores, en

Brasil y Rusia, nos llevaban los autos y los trenes. Acá tendría que tener paciencia con el metro. «Metro, this way» era lo que siempre escuchaba. Pero gracias a eso pude ver veintisiete partidos de Mundial en treinta y tres días. Ningún otro nos había dado esa posibilidad.

Eso es lo que te entrega un Mundial cuando lo cubrís en forma panorámica. No estás cercano a la selección, a los entrenamientos, a sus conferencias de prensa, pero en Al Bayt, el estadio del desierto qatarí, ves Alemania-España, en el Khalifa te encontrás a los hinchas japoneses que cantan como argentinos, o seguís a Irán contra Inglaterra y Estados Unidos, partidos con carga política. Fui en el metro con saudíes, palestinos, paquistaníes y con bangladesíes que llevaban banderas argentinas. Visité la zona industrial de Doha junto a Ezequiel y Fernando, y hablamos con sus trabajadores mientras nos invitaban a tomar un té indio. Fuimos al desierto con un conductor pakistaní que nos llevó hasta la frontera con Arabia Saudita, el país que nos había hecho sufrir en los primeros días.

Desde entonces todo fue distinto. Fue el Mundial de Messi, de los árabes, de los hinchas del tercer mundo. Recuerdo salir del estadio Education City junto a los marroquíes eufóricos por haberle ganado a España. Cantaban por el Magreb, Marruecos, la África árabe, cantaban por Palestina. No era el Mundial de los europeos, no era el Mundial de la cerveza, era el Mundial del islam, y el color de ese Mundial lo daban esos hinchas, que no eran ingleses y no eran alemanes, eran indios de Bombay o Kerala, nepalíes de Katmandú, bangladesíes de Daca. Y amaban a Messi.

Messi era un nombre del mundo, y era hermoso sentirlo así. Era emocionante cada vez que aparecía, cada vez que los trabajadores migrantes hablaban de él, querían referirse a él. Lo sentí en una mezquita un viernes sagrado en las horas de rezo para los árabes cuando Abdulhakim me contó que le gustaría vivir en la Argentina porque era el país de Messi.

La Argentina era Messi, Qatar ya era Messi.

Acá está ese Mundial, en esta crónica urgente.

# 1.

Van 77 minutos y 13 segundos. En este momento, Enzo Fernández baja la pelota con el pie pero parece hacerlo con una mirada, acaso con la mente. Cristian Romero, Cuti, acaba de rechazar con la cabeza un lanzamiento a la nada de Hugo Lloris, el arquero francés. Enzo duerme la pelota bajo sus tapones, la pisa, se la pasa a Marcos Acuña, que se la pasa a Alexis Mac Allister. Todo parece perfecto. Alexis la aguanta, vuelve a tocar para Enzo, que abre a la derecha para Rodrigo De Paul y que a un toque se la da a Nahuel Molina. La Argentina gana 2-0 la final del Mundial de Qatar. En un rato, unos quince minutos, puede ser campeona del mundo después de treinta y seis años. En ese momento, quizá Lionel Messi caiga sobre el césped del estadio Lusail y quizá llore, quizá vayan a abrazarlo sus compañeros, quizá solo se ría, pero será campeón del mundo.

Es todo lo que deseamos, lo que queremos que suceda. Por la Argentina y por él.

Molina busca el pase y lo vuelve a encontrar a Enzo. Van 77 minutos y 30 segundos. Enzo lo encuentra a De Paul sobre la derecha, tocan, entra Messi en escena. En el Lusail se escucha un «ole, ole, ole», unas ganas bárbaras de empezar a celebrar lo que hasta acá es el partido de un equipo, la selección argentina, dueño del juego, de la pelota, de los detalles tácticos, de la tribuna. De la fiesta que ya es y de la que se viene también. Francia va por la cancha en estado de somnolencia, es un equipo sin fuerzas. Hay lateral para la Argentina, un respiro más en la noche. Lo saca Molina a los 78 minutos exactos.

Una pausa acá, con la pelota yendo hacia Enzo, congelada en el aire. ¿Qué somos en este momento? Un pueblo feliz y quizá por primera vez en estado de tranquilidad. Revisemos lo que pasa en las casas en este momento, las caras que tenemos, los comentarios que nos hacemos, qué jugador Alexis, qué jugador Enzo, qué partido de De Paul, no podés dejar a nadie afuera. Entre De Paul y Molina anularon a Kylian Mbappé, el villano más temido de este Mundial. ¿Y la dupla de centrales? Otamendi cierra un Mundial descomunal, Cuti Romero fue de menor a mayor. ¿Qué más se dice en este momento? Se dice

Messi, se disfruta con Messi, con el equipo, se canta en el estadio «vamo, vamo, selección, hoy te vinimo a alentar, para ser campeón, hoy hay que ganar». Y la selección cumple el mandato popular, gana el partido y es un pavoneo por la final del mundo. ¿Esto va a ser así? ¿Contra Francia? ¿Con todo lo que pasó hasta acá, lo que costó, penales, tiempos suplementarios, una derrota en el primer partido? ¿Esto va a ser así?

El dron imaginario que entra a las casas desde las calles vacías a los 78 minutos del partido, que va desde Qatar hasta la Argentina, que sobrevuela India y Bangladesh, la unidad tercermundista que logra Messi, toma imágenes de gente rozagante, gente dispuesta al goce, a una clase de alegría que hasta ahí resultaba desconocida para una generación, la que nació después de 1986 o un poco antes. Es la generación de esta selección argentina, todos nacidos después del Mundial de México, criados a videos de lo que fue el paraíso de Diego Maradona. Messi, con treinta y cinco años, nació un año después, el 24 de junio de 1987. O sea, él mismo está llamado a ser el redentor, el que libere a los suyos de las frustraciones pasadas, atados a volver todo el tiempo sobre lo que no vivieron.

La idea tan repetida del *Messías* es bastante exacta para este humano, cruza todas las religiones. Es el salvador. Para el fútbol, una religión de millones, inclusive de ateos, es el hijo de D10S, llamado a rescatar a su pueblo. Maradona, el Diego, D10S, murió el 25 de noviembre de 2020, dos años antes de Qatar. Messi, que hasta entonces no había logrado títulos con la selección mayor, levantó la copa América de 2021 en el Maracaná, la Finalissima contra Italia en Wembley, y ahora en el Lusail espera que esto sea el final para alzar lo que más quiso siempre, la copa del Mundo.

Descongelemos la imagen, dejemos correr el tiempo. Enzo se la devuelve a Molina, que intenta jugar por la raya pero queda encerrado, lo presiona Rabiot, todo se ensucia, la pelota le rebota y hay un despeje que estira Mbappé y que Kolo Muani decide pelearle a Otamendi, que está más cerca de la pelota pero el francés es una gacela. Otra vez pausa. Estábamos tranquilos, transitábamos una final con paz y alegría, así que recordarnos en ese momento tiene algo de morbo: miren en cámara lenta cómo nos va a cambiar la cara, cómo todo este sosiego se va a convertir en nervios, cómo se nos empieza a esfumar en la mente lo que imaginábamos de este día. Acá estamos, sonriéndonos y haciéndonos la *selfie* para la posteridad, pero tenemos la ola que inicia el tsunami a nuestras espaldas.

A los 78 minutos y diez segundos Kolo Muani ya lo pasó a Otamendi y va hacia el área. Otamendi le pone el brazo izquierdo en el hombro derecho. Mbappé pasa por adentro, ya está preparado para recibir el pase. Pero Kolo Muani cae. Intuimos lo que va a pasar, ya nuestro cuerpo lo sabe. El polaco Szymon Marciniak marca penal. Mbappé lo va a hacer, a pesar de que Emiliano Martínez, Dibu, se tire hacia el mismo lugar y llegue a tocarla con su mano derecha. La pelota entra al arco justo a los 79 minutos y 24 segundos, aunque el registro oficial diga que fue a los 80 minutos. El redondeo, de todos modos, pone la hora de entrada a un nuevo territorio, el de la fragilidad. Pasó con Arabia Saudita: cuando entró el primero, cinco minutos después llegó el segundo. Pasó con Países Bajos: cuando entró el primero, el segundo llegó con una diferencia de dieciocho minutos. Los dos de esa torre llamada Wout Weghorst. Contra Australia se logró frenar ese derrumbe, aunque tuvo que aparecer la gigantografía de Dibu Martínez para evitarlo. El partido con Croacia no mereció el sufrimiento.

Pero ahora entramos en la zona de turbulencias, la resistencia al primer golpe, que no duró nada. Son algo más de cuarenta segundos desde el saque del medio hasta que Messi le roba una pelota a Rabiot en la mitad de la cancha. Es el inicio del desastre, porque lo que sigue al robo es otro robo. Kingsley Coman se la saca de prepo a Messi, algo que produce dos hechos en uno. Evita que el genio entre en acción y arma el ataque de Francia. Coman se la da a Rabiot y lo que pasa también muestra que Mbappé lo soluciona todo. Porque no es muy bueno lo que arma Rabiot, se la entrega por arriba, obliga a Mbappé a bajarla con la cabeza para Marcus Thuram, que se la vuelve a dar alto, por encima de Cuti Romero. Solo que con eso a Mbappé le alcanza, pone el cuerpo de costado, se deja caer y mueve sus piernas como en una tijera. Le pega con la derecha, a la izquierda de Dibu. Es un latigazo de su pie atlético. Van 80 minutos y 59 segundos.

¿Qué rompió la Argentina para que estas cosas pasen? ¿Qué tipo de maleficio pesa sobre Messi y sobre esta camiseta? ¿O es que existe algún pacto oscuro y oculto para que la felicidad sea precedida por la angustia? Hay una primera reacción en el Lusail, que es el silencio. El estadio se enmudece, en las tribunas y en el campo de juego, y solo quedan los gritos de la minoría francesa. A eso le sigue otra reacción de la mayoría argentina: la de darse fuerza y ánimo. Un comentario se escucha entre los pupitres de prensa, alguien menciona la final de México 86. Esa vez, la Argentina la ganaba 2-0 hasta los 74 minutos con los goles de José Luis Brown y Jorge Valdano. Pero el partido tenía preparado un primer obstáculo, el gol de Karl-Heinz Rummenigge primero, y después el de Rudi Völler. Los dos desde un córner y los dos después de una conexión previa de un alemán. Rummenigge la toca en el área chica con el pie, Völler la mete de cabeza a los 81 minutos. Igual que Mbappé.

El tiempo naturalizó el empate en esa final de 1986 porque ya sabemos cómo terminó, con el éxtasis argentino, con el gol de Jorge Burruchaga. De aquello solo quedó lo que dijo Carlos Bilardo, que no festejó el campeonato del mundo porque su lamento estaba en haber recibido dos goles desde un córner. Pero la Argentina se levantó en esos nueve minutos que quedaban. Apareció ahí un pase de magia de Maradona, rodeado de las camisetas verdes de Alemania, poniendo la pelota a un toque para la corrida de Burruchaga. Ese instante fue uno de los que más se repitieron entre las imágenes de nuestra vida futbolera, la de los que lo vivimos aunque sea en la infancia y la de los que no lo vivieron. Ahora se reavivaba como esperanza, no como pasado.

La otra final que ganó la Argentina, en 1978, tampoco fue sencilla. La victoria que se había logrado frente a Holanda con el primer gol de Mario Kempes se desbarató en la misma zona temporal que la selección sufriría en 1986 y 2022, algo que ya puede llamarse una tradición. Esa vez fue gol de cabeza de Dick Nanninga, que tiene una historia detrás, la que cuenta Roberto Saporiti, que formaba parte del cuerpo técnico de César Luis Menotti y que la noche anterior a la final le había asegurado al entrenador que Nanninga, que medía 1,90, no jugaría. Saporiti recuerda que Menotti tenía pensado llevar al banco a Daniel Killer. Eran tiempos donde había que elegir a los suplentes. Saporiti lo convenció de que sentara a Miguel Oviedo, un futbolista de Talleres de Córdoba, más versátil en la defensa, que incluso podía jugar de lateral. Cuando Nanninga se levantó para calentar, Menotti supo que su colaborador se había equivocado. Y se lo recordó: «Sapo y la puta madre que me parió, ¿para qué mierda te habré hecho caso?». Todo hubiera sido peor si, después del gol de Nanninga, Rob Rensenbrink hacía el segundo. Era el final de los 90 minutos. Pero ahí estuvo el palo. Y en el tiempo suplementario estuvieron los goles de Kempes y Daniel Bertoni.

El 18 de diciembre de 2022, noche en Qatar, tarde en la Argentina, Mbappé corre hacia una esquina para que sus compañeros vayan a él, para que lo celebren, es también su batalla personal, la de ser el mejor del mundo. Había retado a los suyos en el vestuario durante el entretiempo, les había dicho que era un partido único, que era una final, que salieran al campo de juego y se dejaran de pavadas. Se encargó él de salvarlos cuando llegaron los 80 minutos de partido, ese tiempo fatal para el fútbol argentino. Pero mientras Mbappé corre, un movimiento se produce en la Argentina. Resulta imperceptible y es cuando Messi ve cómo entra la pelota. Sus rodillas se doblan, están a punto de tocar el piso y es como si algo se activara en él. Entonces las rodillas se enderezan, él se endereza, queda erguido y preparado para sacar del medio. Una sonrisa leve aparece en su cara, una sonrisa casi incómoda, puede que sea de nervios.

Messi no cae de rodillas, eso no va a pasar.

En esa decisión, que es una actitud, quizás esté el código secreto de esta historia.

Empieza el tiempo suplementario.

# 2.

Son unos quince minutos los que tarda el micro de la selección argentina en llegar desde la Universidad de Qatar, su refugio mundialista, hasta el estadio Lusail. Acá se juega la final con Francia y se nota porque todavía faltan cuatro horas y seis aviones sobrevuelan el lugar, se abren y se repliegan formando un triángulo, se meten entre las nubes dispersas del cielo, largan humo de colores celestes y blancos, después azules, rojos y blancos. Es un ruido de guerra, se parece a un ataque aéreo, una carga dramática que no se necesita pero que acá está. Es 18 de diciembre, Día Nacional de Qatar, lo que recuerda la asunción del *sheikh* Jassim Bin Mohammed Bin Thani, en 1878, luego de que abdicara su padre. Militar, juez y poeta, Mohammed Bin Thani es considerado el fundador del Estado qatarí. Murió en 1913, en Lusail.

Justamente en Lusail fue donde empezó todo, poco menos de un mes atrás, el martes 22 de noviembre. Esa fecha estaba marcada en rojo desde abril, cuando se sortearon los grupos del Mundial y el debut tocó con Arabia Saudita. Bajo cualquier análisis previo, quizá superficial, que siempre quedan desarmados apenas se empieza a jugar al fútbol, se trataba del rival más accesible, el rival con el que no había que tener problemas si se tenía en cuenta que en el grupo C estaban también México y Polonia.

Un mes antes del Mundial, la Argentina se nombraba de memoria, aunque a Scaloni no le interesaran los equipos que salían de memoria. Hacía treinta y seis partidos que no perdía, desde la semifinal con Brasil en la Copa América 2019. Siguieron las eliminatorias, la Copa América que ganó en el Maracaná, la Finalissima contra Italia en Wembley, algunos amistosos. Fue un tránsito en el que los hinchas repetían la idea de que el Mundial tenía que empezar cuanto antes, que la selección estaba tan bien, tan aceitado y pulcro su juego y tan brillante Messi que mejor arrancara todo ya.

Había un arquero, Dibu Martínez. Había una dupla de centrales, Cuti Romero y Otamendi. Había laterales que podían alternar, como Acuña y Tagliafico por la izquierda, como Montiel y Molina por la derecha. Había un mediocampo intocable con De Paul, Paredes y Lo Celso. Había un goleador, Lautaro Martínez. Estaba Di María y, sobre todo, estaba Messi. Había, además, repuesto para casi todo. La conformación de la lista de veintiséis jugadores podía definirse quizás en algunos detalles, pero no escondía grandes sorpresas.

Sin embargo, como nunca el fútbol es un universo perfecto, hubo un primer caído. Lo Celso se lesionó en un partido entre el Villarreal y Athletic de Bilbao por la Liga española. Fue el domingo 30 de octubre, veintitrés días antes del debut en Qatar. Primero se informó de una lesión muscular, luego se lo comenzó a llamar desgarro y al final se supo que había un desprendimiento que obligaba a la operación. A pesar del ruego de Lo Celso, del intento por evitar el ingreso al quirófano, de la búsqueda desesperada para sanar el músculo de otra manera o de los cálculos para saber si al menos podía estar bien para los partidos con México o Polonia, Scaloni fue preciso en que no viajaría ningún futbolista para recuperarse durante el Mundial. Los que fueran tenían que estar a punto para jugar contra Arabia Saudita.

«El que se suba al avión —dijo Scaloni en una entrevista con TyC Sports— debe estar apto para jugar desde el primer partido». No era fácil para el técnico dejar afuera a Lo Celso, un jugador que lo había acompañado desde sus primeros partidos como entrenador, el que representaba el recambio generacional de la selección y el que aportaba un pase clave para el equipo, la entrada al área, la asociación con Messi. El jugador, además, llevaba en sus espaldas lo que había pasado en Rusia 2018, un Mundial al que viajó pero en el que no jugó.

«Cuando se complementan Paredes, Messi, Lo Celso y De Paul representan el estilo de "la nuestra", del pase corto para llegar lejos, el verdadero estilo del fútbol argentino», le dijo Matías Manna, colaborador de Scaloni, a Roberto Parrottino en el diario *Tiempo Argentino*. Ahí estaba el fútbol de la selección. Ahora uno iba a faltar. «Por números tenemos reemplazantes, pero futbolísticamente no», respondió Scaloni en TyC Sports. Fue el primer lugar en donde tuvo que hacer foco, no solo en cómo cerraría la lista, sino en cómo formaría un equipo que se decía con naturalidad.

No era exclusiva de la Argentina la pérdida de jugadores clave. Qatar 2022 fue un Mundial de calendarios ajustados. Por las temperaturas agobiantes del verano, se corrió a noviembre y diciembre cuando los meses mundialistas son junio y julio. Las ligas europeas terminaron una semana antes del comienzo del Mundial. Si en otros tiempos los jugadores pasaban un mes previo de concentración con sus selecciones, esta vez algunos llegaron a Qatar a menos de una semana del debut. En el camino, Francia perdió a su mediocampo completo con N'Golo Kanté y Paul Pogba, también a Karim Benzemá. Pero es una selección a la que le sobran futbolistas. Senegal se quedó sin Sadio Mané, su figura. En Alemania se lesionaron en el camino Timo Werner y Marco Reus. Portugal no tuvo a Diego Jota. Y esos fueron solo algunos.

Scaloni marcó los problemas que traía un mes cargado de partidos. Para la selección argentina implicó que algunos futbolistas llegaran después de una recuperación, en ciertos casos con lo justo. Di María tuvo un desgarro leve a principios de octubre jugando para la Juventus por la Champions frente a Maccabi Haifa. Salió llorando de la cancha. En agosto, Juan Foyth tuvo un golpe en la rodilla durante un encuentro del Villarreal frente al Getafe. Exequiel Palacios sufrió un desgarro en septiembre mientras jugaba para el Bayer Leverkusen contra el Hertha. Paredes se llevó una distensión del partido entre Juventus y Empoli, últimos días de octubre, igual que Nicolás González, que apenas jugó ocho minutos para la Fiorentina frente al Inter. Cuti Romero no jugó los últimos partidos con el Tottenham por una lesión muscular. Marcos Acuña sufría una pubalgia. Lautaro Martínez tenía un golpe en el tobillo derecho. Por esos días, Guido Rodríguez salió por precaución en el triunfo del Betis sobre el Lugorets de Bulgaria por la Europa League. Y además había que esperar la evolución de Dybala, que se había desgarrado un mes atrás.

Bajo el aire acondicionado del Hotel The St. Regis, sobre la costa de Abu Dabi, la capital de Emiratos Árabes, Scaloni cerró la primera lista de 26 jugadores para el Mundial. Después grabó un video sencillo en una de las salas del lugar, sin la superproducción de otras selecciones. Solo tenía a sus espaldas un pizarrón con 26 apellidos escritos en un 4-3-1-2. «Esta es la lista de jugadores elegidos para el Mundial Qatar 2022», dijo Scaloni, y nombró de memoria a cada uno. Duró cincuenta segundos el video, que se disparó desde las cuentas oficiales de la selección. Todo se había definido a último momento, con los detalles finales.

Estaba Dybala, estaba Foyth, estaban Nico González y Joaquín Correa. Estaba también Enzo Fernández, que no había debutado en partidos oficiales pero ya era una opción. Estaba Alexis Mac Allister, siempre otra opción. El corte más difícil fue el de Ángel Correa, uno de los campeones en la Copa América 2021. Los tres arqueros eran los previsibles, Dibu Martínez, Franco Armani y Gerónimo Rulli. A Juan Musso, que peleaba el puesto, lo habían operado en septiembre por una fractura en la cara. Armani ya estaba confirmado *de facto* desde hacía unos días. Como se trataba del único jugador de la liga local convocado, partió de la Argentina hacia Qatar con la delegación de dirigentes, cuerpo técnico y el resto del *staff*. Todo igual seguía en observación.

El amistoso con Emiratos Árabes Unidos al principio le incomodaba al cuerpo técnico, que prefería no tener que jugar seis días antes del debut en el Mundial. Pero luego vieron que la mayoría de las selecciones habían programado partidos entre una semana y diez días antes del inicio. Scaloni supo —y lo dijo— que la Argentina llegaba con muchos jugadores en duda por el estado físico. Sabía que era probable que tuviera que dejar afuera a futbolistas que habían estado en todo el proceso.

El cuerpo técnico hizo un seguimiento a los jugadores. Walter Samuel se dedicó a los que estaban en los equipos italianos. Siguió el caso de Dybala en la Roma y de Nico González en la Fiorentina, donde además el mánager era Nicolás

Burdisso, que mantenía una buena relación con el cuerpo técnico. Pero no es lo mismo observarlos a la distancia que tener un monitoreo día a día, bien de cerca, que era lo que iba a ocurrir una vez que tuviera al plantel completo. Hubo charlas, además, en las que todos los convocados dijeron que estaban bien. ¿Qué jugador se sacaría de la lista con sus propias dudas?

Después del partido con Emiratos Árabes Unidos, un amistoso que la Argentina ganó 5-0 y que pareció un paso más hasta llegar al Mundial, Scaloni se acercó a una rueda de prensa con los periodistas que estaban en el lugar y fue decidido a dar un mensaje: que podía haber cambios en la lista. Paredes ya se había recuperado, había jugado un poco más de quince minutos con la Juventus, pero al menos ya se lo había visto en la cancha. Di María había jugado poco, pero estaba bien. Nunca fue una duda. Dybala había estado los últimos veinte minutos del partido entre la Roma frente al Torino. Fue una incógnita hasta el final por su estado físico, no por lo futbolístico. En la gira de septiembre por Estados Unidos, Miami y Nueva York, donde la Argentina jugó amistosos contra Honduras y Jamaica, era un hecho que Dybala estaría en el Mundial. Pero hay algo de lo que pocos se acuerdan y es que a esa gira llegó con una lesión que lo tuvo quince días afuera de las canchas. No estuvo en ninguno de los dos partidos. Al mes siguiente, el 9 de octubre, jugó para la Roma frente al Lecce. Sobre el inicio del segundo tiempo, pateó el penal para el 2-1 del equipo de José Mourinho, pero no llegó a gritar el gol. Sintió el dolor, comenzó a renguear. Rodeado de sus compañeros, se masajeó el muslo de la pierna izquierda, pero tuvo que salir. Se había desgarrado fuerte, se veía el hematoma. Cuando le preguntaron a Mourinho cómo estaba Dybala, respondió con temeridad: «Digo mal para no decir muy mal, creo que no estará con la Roma hasta 2023». Pasó un mes sin partidos, pero Dybala volvió. Samuel siguió de cerca todo. Dybala jugó esos minutos contra el Torino antes de subirse al Mundial.

Pero hubo una situación que Scaloni no esperaba. Joaquín Correa había tenido que entrenarse aparte durante mucho tiempo en el Inter por un problema en la rodilla. Luego llegó una tendinitis en el talón. El jugador pasó reporte de esa lesión, pero el cuerpo técnico no tomó dimensión de lo que pasaba porque no lo habían visto trabajar de cerca. El amistoso con Emiratos Árabes Unidos alimentó las dudas. Correa estuvo lento en los desplazamientos y hasta rengueó cuando salió a festejar su gol. Al terminar el partido, en el vestuario, el jugador avisó que no se había sentido bien.

Scaloni se enojó. Había armado la lista dos días antes, había esperado hasta el límite para evitar episodios como estos. La Argentina fue una de las últimas selecciones en confirmar a sus veintiséis futbolistas. Por eso, cuando salió a la rueda de prensa para hablar con los primeros periodistas que habían viajado para cubrir el Mundial, Scaloni fue directo a ese asunto. No esperó preguntas, tampoco nadie sabía lo que había pasado unos minutos antes con Correa. «Ellos son bastante grandecitos para saber si están en condiciones de seguir o no», dijo el entrenador. «Tenemos algunos problemitas —siguió—, todavía tenemos unos días para decidir el tema de la lista».

En la práctica del día siguiente, el viernes, con trabajos de mayor exigencia, se resolvió probar a fondo a los jugadores que no estaban a pleno. Acuña, con su pubalgia, pasó la prueba. También Cuti Romero. Pero Nico González se desgarró, tuvo un recrudecimiento de su lesión. Scaloni resolvió que él y Correa tendrían que dejar Qatar. El camino al Mundial no estaba allanado. Entraron Ángel Correa, que había quedado en el borde del corte, y Thiago Almada, que había sido parte de la gira por Estados Unidos. Era viernes, faltaban cuatro días para el partido con Arabia Saudita. Esa misma semana, Ángel Correa y Almada, que ya no pensaban en el Mundial, habían jugado un picado en Cañuelas. No hubo dudas con ambos. Pudo ser Lucas Ocampos, pero había tenido pocos minutos en el Ajax. También estaba el nombre de Giovanni Simeone, que había arrancado como delantero en los primeros amistosos de Scaloni, en septiembre de 2018. Pero Correa y Almada eran los que más convencían. Viajaron juntos hacia Doha.

Así quedó el plantel definitivo. Pero lo que comenzó ahí fue la angustia por Messi. En el entrenamiento del sábado previo al inicio del Mundial, el rosarino trabajó con el kinesiólogo del plantel. La pregunta iba a cruzar los días que vendrían. ¿Cómo está Messi? Era lo más importante. Llegaba el recuerdo de los últimos días con el París Saint Germain. Una inflamación en el tendón de Aquiles, según el parte médico del equipo, le había impedido jugar contra el Lorient. Pero estuvo 74 minutos en el encuentro contra el Auxerre antes de sumarse a la selección. Venía de un octubre donde un dolor en uno de los gemelos lo marginó de otros partidos. Messi se preparó para Qatar 2022 con la obsesión de que estaba ante su última chance para ganar un Mundial. Su mente y su cuerpo estaban dispuestos para esta aventura. ¿Había fallado algo en los últimos días?

Messi tenía una sobrecarga en el sóleo, en la parte de atrás de su pierna izquierda, algo que había llevado a Qatar desde París. Por esas horas, su círculo más cercano minimizó la situación, contó que no se perdería el primer partido, que no estaba en riesgo su participación contra Arabia Saudita. Pero esa molestia lo obligó a hacer trabajos de kinesiología y participar de las prácticas sobre el final, con una baja intensidad.

Hasta que llegó el último entrenamiento antes de jugar con Arabia Saudita y una foto de su tobillo derecho paralizó a la Argentina. Parecía el tobillo de Diego en Italia 90, pero era el tobillo de Messi en Qatar 2022. La imagen salía de las cámaras de FIFA, que tenía derechos para filmar la práctica previa a los partidos. Son cámaras de última generación que poseen un *zoom* detallado. Las de los canales argentinos no la pudieron tomar porque no alcanzan esa precisión. Por eso la imagen también sorprendió a los periodistas que salieron de la práctica y se encontraron con ese tobillo. «Es una boludez, se puso un gel refrigerante, pero no tiene nada», fue el mensaje de una persona cercana a Messi. Lo usa, explicó la misma fuente, por inflamaciones que arrastra producto de los golpes que tuvo en su carrera.

No había una torcedura, no había un esguince. Fue Messi el que dijo las palabras sagradas durante la conferencia de prensa previa al debut: «No tengo ningún problema».

Dentro de esos temores y cuidados llegó el partido con Arabia Saudita. El fantasma que recorría Qatar era el fantasma de Corea-Japón 2002, las lesiones previas, los errores de cálculo. Estaban los 36 partidos invictos como dato, pero también como espalda. Aunque sabía que podía haber problemas físicos, Scaloni se decidió por el equipo que lo había llevado al Mundial, por su equipo. Cuti Romero y Otamendi como centrales. Paredes en el medio. Lautaro de nueve. Papu Gómez fue en lugar de Lo Celso, algo previsible. Molina y Tagliafico fueron los laterales.

A los nueve minutos del partido, en un Lusail que temblaba ante los gritos saudíes, hubo penal determinado a través del VAR. Messi hizo su primer gol en Qatar y algo de alivio, el que te da empezar bien, abrazó a los argentinos. Su último penal en un Mundial, además, había sido en Rusia 2018, también en el debut, aunque esa vez se lo atajó el arquero islandés Hannes Þór Halldórsson. Era un trauma menos.

Pero enseguida volvió la intranquilidad. No era una cuestión de lo que pasaba con el resultado sino con el equipo, alejado de la identidad que lo había llevado hasta ahí. Era una selección que se trababa ante la imprecisión, que no lograba activar su sistema de fluidez con la pelota. Ni Paredes ni De Paul conectaban con el resto. Los laterales estaban atados y Messi tampoco lograba encender los motores. Eran imágenes de otros tiempos, las que parecían olvidadas. El equipo no arrancaba. Quedó atrapado por el achique de los saudíes. Cada pelota en profundidad terminaba en las garras del *offside* automático, la reconstrucción de diez cámaras que se mostraba en las pantallas con jugadores que parecían maniquíes. Ya se lo había visto en el partido inaugural, en Qatar-Ecuador, te podía tomar un hombro, el brazo apenas suelto, la punta del pie. Lautaro Martínez lo sufrió todo el partido. Le impidieron dos goles. A Messi le sacaron otro más con la bandera levantada.

El francés Hervé Renard, entrenador de Arabia Saudita, jugó con la utilización de esa tecnología. Cada paso adelante de sus jugadores dejó fuera de juego, aunque sea por una pestaña, a la avanzada argentina. No solo impidió hacer goles, fue también desmoralizante. Pero Messi todavía era una preocupación del técnico. Entró enojado al vestuario saudí. «¿Qué están haciendo?», les preguntó a sus jugadores. «Presionar significa ir siempre para adelante», les dijo. «Si están enfrente de la defensa y Messi tiene la pelota, tienen que ir a perseguirlo». «Saquen el teléfono y se pueden tomar una foto con él si quieren», ironizó Renard. «¿No sienten —les preguntó— que lo podemos dar vuelta?».

Con esa fuerza extra salieron a la cancha los saudíes. Y con la de sus hinchas, que eran mayoría en el Lusail. No solo eran mayoría, eran los que más ruido hacían. Fue el partido en el que la hinchada argentina, que todavía no era multitud en Qatar, estuvo dispersa y desorganizada. Cuando los saudíes barrían, la tribuna rugía, también cuando trababan, cuando iban al choque o cuando alguno de ellos se mandaba al ataque. El escenario hirvió con el segundo tiempo. Sería el único partido en el que se sentiría una Argentina visitante.

Los saudíes son vecinos de Qatar, los separa el desierto, una frontera de ochenta y siete kilómetros que va del Golfo de Salwah hasta Khawr al Udayd, otra entrada del mar. Arabia Saudita es el hermano mayor de la región y lo hizo valer, se adueñó en ese momento del primer Mundial árabe después de que la selección qatarí no hiciera fuerzas ante Ecuador, que le ganó 2-0. Hay viejas historias, un bloqueo económico a Qatar durante 2017 que encabezaron los saudíes con sus aliados en la región, Egipto, Emiratos Árabes

Unidos y Baréin, y que incluyó un pliego de condiciones para levantarlo. Desde cerrar la cadena Al Jazeera hasta romper los vínculos con las organizaciones Hermanos Musulmanes y Hezbollah. El jeque Tamin bin Hamad Al Thani, emir de Qatar, resistió a esos reclamos. El tablero era bastante más complicado. Qatar había apoyado los movimientos de la Primavera Árabe. Por aquellos días de bloqueo, cuando Arabia Saudita acusaba a Qatar de financiar al terrorismo, se llegó a proponer como sede compartida.

Con todo ese trasfondo, mientras sus hinchas con sus pulmones árabes, sus camisetas verdes, silbaban a Messi, Saleh Alshehri le ganó la línea a Cuti Romero y, cuando entró al área, cruzó la pelota a la izquierda de Dibu Martínez. Fue la primera piña, dos minutos y medio después de que empezara el segundo tiempo. La segunda fue tan deliciosa que pareció sacada de algún campito argentino. Salem Aldawsari la bajó, gambeteó a uno, dio una vuelta, dio otra y clavó el derechazo.

Después del sorteo de abril, cuando se supo que Arabia Saudita sería el primer rival, Scaloni le contó al periodista Gastón Recondo cómo ahí mismo Matías Manna, su colaborador, que había trabajado con esa selección durante la gestión de Juan Antonio Pizzi, le enviaba mensajes sobre el juego de los saudíes: «Ya me escribió, ya me mandó todo». Pero Manna también dice que no hay que sobreanalizar a los rivales. Para el entrenador el primer partido era el más importante de la fase de grupo. El cuerpo técnico sabía que Arabia Saudita achicaba, pero los sorprendió que lo hiciera tan adelante. De todos modos, fueron muchos los factores que entregaron ese resultado. El mérito del equipo de Renard, las fallas argentinas y también los accidentes. Hubo señales de que el equipo jugó mal, es cierto, pero hubo *offsides* demasiado finos que impidieron tener más goles. Renard, que había encontrado la kriptonita para la Argentina, diría un rato después que el equipo de Scaloni no tendría de qué preocuparse. «Pasarán de fase de grupos y saldrán campeones del mundo», le dijo a la periodista Ángela Lerena mientras caminaba hacia el micro que lo llevaría a él y a sus jugadores a la concentración.

«A la gente le digo que confíe —dijo Messi después del partido—. Este grupo no los va a dejar tirados y vamos a ir a buscar los dos partidos. Sabemos que estamos obligados, pero ya hemos jugado partidos de estas características». Entre el dolor de la derrota resultó su manera de dar empuje como capitán. Fue una frase que se iba a recordar por mucho tiempo.

¿Y si era el mejor momento para terminar con el invicto? La caída sacudió de tal modo a la selección que puso todo en discusión. El primer partido en el estadio Lusail cargó de traumas a una Argentina cuya peor pesadilla mundialista es irse en la primera fase. Las derrotas siempre abren el camino de las dudas. ¿Es el equipo de memoria el que tiene que salir a la cancha? Pero si a Scaloni no le gustan ni le interesan los equipos de memoria. ¿O es un asunto de momentos, de cómo está cada futbolista? ¿Llegó bien Cuti Romero? ¿Qué le pasa a De Paul? ¿Lautaro se podrá recuperar de un partido así? ¿Está bien Messi? ¿Cómo está Messi? Había una solución para lo que vendría, para México y Polonia, para saltear el grupo, y esa solución era volver a ser el equipo que fue. Resultaba sencillo decirlo. La cuestión era cómo. Esa respuesta la tenían Scaloni, el cuerpo técnico y, por supuesto, los jugadores.

# 3.

A las 16.55, hora de Qatar, mientras empieza a oscurecer, comienza la ceremonia de cierre del Mundial 2022. Y cuando empieza la ceremonia de cierre de un Mundial lo mejor es que termine rápido, que empiece el fútbol, la final entre la Argentina y Francia. En el estadio Lusail hay música y hay baile, se forma en el centro del campo de juego una rosa del desierto. Cuando el jeque Tamin bin Hamad Al Thani entró al estadio hubo aplausos. Lo esperaba en el palco Gianni Infantino, que reside en Qatar desde mediados de 2021.

Este Mundial empezó con un discurso del presidente de la FIFA, que intentó ser poético, de vuelo alto, y que apuntó contra las críticas europeas a Qatar. «Hoy —dijo— me siento qatarí, me siento árabe, me siento africano, me siento gay, me siento discapacitado, me siento trabajador inmigrante». Infantino, que nació en Suiza de familia italiana, dijo que él mismo era hijo de trabajadores migrantes originarios de Calabria y que sufrió discriminación por ser pelirrojo y tener una cara llena de pecas. A Europa —su Europa— directamente le dijo que era hipócrita en sus críticas contra la situación de los derechos humanos en Qatar: «Por lo que los europeos hemos hecho durante los últimos 3000 años [sic] deberíamos estar pidiendo perdón los próximos 3000 años antes de dar lecciones de moral a los otros».

Desde que se eligió la sede de Qatar para el Mundial 2022, en una doble votación donde también salió Rusia 2018, el 10 de diciembre de 2010, se activaron diversas investigaciones para determinar el pago de coimas. La Justicia, más allá de algunas certezas y declaraciones, no pudo comprobar pagos ilegales. Pero tuvo sus coletazos. Inglaterra se quedó sin 2018 y Estados Unidos se quedó sin 2022. El FBI intervino y nació el FIFAGate, el mayor escándalo de corrupción de la historia del deporte. La estructura de la FIFA se desmoronó, se terminó la era de Joseph Blatter y también la de Michel Platini. Fue el ascenso de Infantino, que intentó cambiarle la cara a la FIFA. Heredó Qatar, solidificó ese vínculo, pero en 2018 le entregó la sede del Mundial

2026 a Estados Unidos, México y Canadá. La diplomacia del fútbol.

El Mundial se mudó por primera vez a Medio Oriente, a un país árabe y musulmán, un emirato donde solo el 20 % de la población es qatarí. El resto es mano de obra inmigrante, más de dos millones y medio de personas en su mayoría provenientes de países del sudeste asiático, como los que viven en Asian Town, uno de los barrios obreros de Doha, la zona industrial, una comunidad de hombres indios, nepalíes y bangladesíes que trabajan en la industria del gas, el petróleo y la construcción.

Son los trabajadores migrantes que levantaron seis estadios y remodelaron otros dos, los ocho escenarios donde se jugó el Mundial, y que también construyeron el metro, las rutas y los nuevos hoteles, la infraestructura necesaria para que esto fuera posible. El diario inglés *The Guardian* dio una cifra de 6500 muertos. Ese número se repitió, pero no se trataba solo de la construcción de estadios, tampoco especificaba las circunstancias. Los números fueron difíciles de establecer porque hubo trabajadores que murieron luego de regresar a sus países, que no ingresaban en las estadísticas pero que fallecían por consecuencias de las condiciones en las que realizaban sus tareas. La FIFA y el Supremo Comité de la Organización y el Legado de Qatar 2022 al principio reconocieron tres muertes. Pero ya sobre el final del Mundial, Hassan Al Thawadi, su secretario general, dijo que podían ser entre cuatrocientos y quinientos los fallecidos.

El Mundial expuso a Qatar. Obligó a terminar con la *kafala*, el sistema de patrocinio que hace que patrones y empresas mantengan el control de visas y documentos. La vida de los empleados en sus manos. Es el mismo sistema que rige en el resto de la región y, si bien Qatar lo abolió, todavía quedaban resabios mientras se jugaba el Mundial. Se estableció, además, un salario mínimo y se ampliaron los horarios de descanso al mediodía, la hora donde el sol más pega, y se dispusieron trajes de protección en zonas donde durante el verano la temperatura puede llegar a los 50 grados. El mismo calor que obligó a correr el Mundial hacia noviembre y diciembre.

La otra cuestión puesta en discusión fue la persecución a las disidencias sexuales. La comunidad LGBTQ+ internacional denunció esta situación mucho antes de que comenzara el Mundial. Los jugadores alemanes debutaron tapándose la boca en la foto oficial como respuesta a que la FIFA hubiera prohibido a su capitán, el arquero Manuel Neuer, llevar una cinta multicolor. En el palco, sentada al lado de Infantino, la usó la ministra del Interior alemana, Nancy Faeser. Cuando quedó Alemania eliminada en primera ronda, un programa qatarí se burló tapándose la boca.

Al periodista estadounidense Grant Wahl le impidieron entrar al estadio Ahmad Bin Ali con una remera que llevaba los colores del arcoíris. Wahl, que admiraba el fútbol argentino y era un crítico de Qatar, fue galardonado durante esos días por la FIFA y la Asociación Internacional de Prensa Deportiva (AIPS) por haber cubierto más de ocho Mundiales. Durante el tiempo suplementario del partido entre la selección argentina y Países Bajos, se descompuso en su pupitre de prensa. Intentaron reanimarlo pero no pudieron. Murió al llegar al hospital. Aunque se intentó señalar su muerte como un asesinato del que Qatar sería culpable, fue su esposa, la médica Céline Gounder, la que reveló después de una autopsia realizada en Nueva York que Wahl falleció por un aneurisma aórtico ascendente. «No hubo nada sospechoso en su muerte», dijo.

Hubo otros episodios. En el partido Portugal-Uruguay, el italiano Mario Ferri, Il Falco, saltó al campo de juego con una bandera que en un principio creíamos que se trataba de la del orgullo LGBTQ+. Luego se supo que eran los colores de la paz, *pace* en italiano, y que tenía mensajes por Ucrania y por las mujeres iraníes. Los jugadores iraníes, de hecho, no cantaron el himno en el primer partido contra Inglaterra para sumarse a las protestas en su país. En ese mismo partido, los ingleses continuaron con el gesto de poner una rodilla en el césped antes de que comience a jugarse, algo que hacen desde el crimen de George Floyd a manos de la policía en Estados Unidos. Aquella vez fue en protesta contra la persecución a la comunidad negra. Luego dijeron que se trataba de un mensaje contra la discriminación. Todo es leído en repudio a Qatar, el Mundial más político.

Mientras Infantino y Al Thani miran la ceremonia de cierre, saben que ganaron. Qatar hizo el Mundial que quería, un Mundial árabe. Incluso sin alcohol en los estadios, como lo anunció unos días antes del partido inaugural, a pesar de la insistencia de Budweiser, uno de los patrocinadores principales de la FIFA, capaz de hacer cambiar leyes en otros países, como lo consiguió en Brasil 2014. Tampoco es un problema para la FIFA. Infantino anunció ganancias de 7500 millones de dólares, mil millones más de lo que la FIFA tenía presupuestado. También se prepara para ver el partido Emmanuel Macron, el presidente francés. Los fuegos artificiales se ven en el cielo, el hueco que deja el Lusail.

Esto se termina, ahora viene la final.

# 4.

La final es de afiche, lo más parecido a una noche de boxeo. De un lado Messi y del otro Mbappé, las dos estrellas del París Saint Germain, el equipo de Qatar. Es a los dos primeros que se busca cuando los equipos salen a hacer el precalentamiento, tan parecido a la ceremonia de la balanza, verse las caras un rato antes, también olerse y medirse. La *playlist* de la FIFA para estas ocasiones suele ser perfecta, es su *show*, su mejor producto, los Mundiales, que es también lo que llaman una experiencia. Suena la guitarra de Slash, Guns N' Roses, *Welcome to the jungle*.

Bienvenidos a la jungla, esto es la final del Mundial. Messi contra Mbappé, *The Rumble in the Jungle* del fútbol. La pelea entre Muhammad Ali y George Foreman en Kinsasa, Zaire, el 30 de octubre de 1974 fue el acontecimiento deportivo más espectacular del siglo xx, destinado a películas y libros. «Ali bomaye, Ali bomaye», gritaban los congoleños. Es «Ali, matalo» en lingala. *Cuando éramos reyes* ganó el Óscar en 1996 como mejor documental. Norman Mailer escribió *The Fight*.

¿Cuál será la película de esta final?

Esto es Qatar, se habla en árabe, y Messi y Mbappé no están solos, están sus equipos. Desde 2002, hace veinte años, un equipo sudamericano no gana un Mundial de fútbol masculino. Brasil ganó también en Asia, en Corea-Japón. Desde entonces los campeones del mundo solo fueron las selecciones europeas. Italia en 2006, España en 2010, Alemania en 2014 y Francia en 2018. Mbappé es el retador, pero Messi busca el cinturón en su quinto Mundial. Es el mejor futbolista del mundo, el que emociona en Qatar a sus treinta y cinco años, quizá su última función.

Messi arrastra la herida de la final perdida contra Alemania en Brasil 2014. El villano de esa noche en el estadio Maracaná fue Mario Gotze, que ahora que su selección fue eliminada otra vez en primera ronda quiere que Messi sea el campeón. Di María también lleva esa herida, pero por motivos más gruesos: no pudo jugar esa final aunque lo intentó, se infiltró dos veces para soportar el desgarro, una antes del partido y otra en el entretiempo. El Real Madrid, su equipo, había enviado una carta en la que pedía que no jugara. Di María, que sabía lo que decía, la rompió sin abrir. Le dijo a Alejandro Sabella, el entrenador de la selección, que decidiera lo mejor, pero que él estaba dispuesto a arriesgarse. No pudo jugar y ese dolor quedó.

A esa final en el Maracaná le siguieron otras frustraciones. La final en la Copa América 2015 contra Chile y otra más, la final de la Copa América 2016, también contra Chile. Las dos veces por penales. La última incluyó la impotencia de Messi, su idea de que la selección ya estaba, que tenía que irse. Por eso esta noche en el Lusail no se grita «Messi, matalo» como el «Ali bomaye», se canta algo festivo, también un ritmo exorcizante. «En Argentina nací, tierra de Diego y Lionel, de los pibes de Malvinas que jamás olvidaré.» La cantan los hinchas, pero también se les pegó a los jugadores. La original es de la banda La Mosca, pero esta versión la creó Fernando Romero, un docente de treinta años, hincha de Racing, que es donde siempre se escuchó el «Muchachos, traigan vino, juega la Acadé» con este ritmo. «Yo no te puedo explicar, porque no vas a entender, las finales que perdimos que jamás olvidaré.» La letra tiene a Diego, tiene a Messi, tiene a Malvinas, tiene las desilusiones pasadas y la esperanza. «Pero eso se terminó, porque en el Maracaná, la final con los brazucas la volvió a ganar papá.» Y acá es donde se empieza a saltar, su estribillo, la canción toma fuerza. «Muchaaachos, ahora nos volvimo a ilusionar, quiero ganar la tercera, quiero ser campeón mundial.» Lo que cierra con la nostalgia, pero también con el presente, lo que fue y lo que queremos que sea. «Y al Diego, desde el cielo lo podemos ver, con Don Diego y con la Tota, alentándolo a Lionel.»

La Copa América 2021 abrió el portal, liberó a Messi y liberó a los jugadores de los veintiocho años sin títulos en selecciones mayores, lo que pesó como un lastre en generaciones de futbolistas que lo intentaron sin éxito. Ese equipo que le ganó la final a Brasil en el Maracaná fue el triunfo de lo colectivo. Estuvo Messi pero hubo un contexto. Por eso ahora en el estadio Lusail, mientras se escucha *Suspicious Minds,* de Elvis Presley, están Mbappé y Messi, pero además hay un equipo argentino que generó vínculos futbolísticos y emocionales como no había ocurrido antes, algo que quizá haya comenzado con un mate y un truco.

Un día de marzo de 2019 fue necesario que alguno de los jugadores golpeara la puerta de la habitación de Messi en el Hotel Eurostars Madrid Tower, sobre el paseo de la Castellana. Era el retorno del capitán a la selección argentina para los amistosos con Venezuela y Marruecos. No había vuelto al equipo desde el partido contra Francia, en Kazán, el 20 de junio de 2018, octavos de final del Mundial de Rusia. Esa vez se fue con el caos que dominó a la selección de Jorge Sampaoli, una eliminación que empujaba a la puerta de salida a los referentes de la generación de las finales. Fue lo último de Javier Mascherano, también lo último de Gonzalo Higuaín. A jugadores como Messi y Di María les quedaba algo más. También a Otamendi y Kun Agüero.

Entre De Paul y Paredes se dijeron que había que llamar a Messi. De Paul, todavía jugador del Udinese, uno de los nuevos de selección que ahora estaba a cargo de Scaloni, fue el que golpeó a la puerta. Se trató del acto vital en el que comenzó a formarse el grupo, lo que hoy todavía se sostiene como un conjunto de amigos.

—Leo, ¿querés jugar al truco y tomar unos mates? —preguntó De Paul.

A partir de ahí se conformó una costumbre. Messi jugó contra Venezuela (1-3), pero no contra Marruecos (1-0). Todavía faltaba mucho para las eliminatorias, pero en unos meses llegaba la Copa América en Brasil, el primer objetivo del equipo. De Paul se convirtió en la sombra de Messi. Su compañero en la cancha y su compañero en el truco. Empezó a armarse una complicidad entre los jugadores que tomó forma en Brasil durante los días de convivencia. De Paul fue el representante de los comunes, una selección que ya no tenía grandes estrellas. La única estrella era Messi. El resto todavía tenía que construirse como jugadores de selección.

Durante la Copa América 2019 en Brasil, nació el medio campo de Scaloni: De Paul, Paredes y Lo Celso. El arquero todavía era Franco Armani. Agüero era titular, pero ya aparecía Lautaro Martínez como una opción. Nicolás Otamendi era el que mandaba en la defensa y hasta ahí lo acompañaba Germán Pezzella. Nicolás Tagliafico iba por el lateral izquierdo, Juan Foyth iba por el derecho. Marcos Acuña entraba en algunos partidos más adelantado. Di María todavía buscaba su lugar, salía desde el banco. Messi ya ejercía su nuevo liderazgo.

«Nosotros no tenemos que ser parte de esta corrupción», dijo Messi después de ganarle a Chile por el tercer puesto. Lo habían expulsado del partido por haberle hecho frente a Gary Medel, al que también echaron. Messi ya estaba con bronca por el arbitraje en la semifinal frente a Brasil, un partido que la Argentina perdió 2-0. Ese Messi de 2019 prologó al Messi que se vería en Qatar en 2022 con ganas de no callarse. Y esa selección prologó a la que dos años más tarde levantaría la Copa América también en Brasil.

Pero hubo una historia previa hasta llegar a ese lugar. Scaloni formaba parte del cuerpo técnico de Sampaoli en Rusia. Había trabajado con él en Sevilla. El puente lo construyó Ángel, el padre de Scaloni. Asuntos de pueblos vecinos. Scaloni es de Pujato, a diez kilómetros de Casilda, de donde es Sampaoli, todo sobre la ruta 33, provincia de Santa Fe, a unos cuarenta kilómetros de Rosario, la ciudad de Messi. El padre de Scaloni se hizo amigo de Sampaoli cuando el entrenador todavía era empleado bancario. Sampaoli, el Zurdo, lo ayudaba a administrar la plata, le tapaba agujeros. Ángel empujó para que comenzara a trabajar con Argentino de Rosario, que estaba en la Primera B Metropolitana. Sampaoli había dirigido a Alumni y Belgrano de Arequito, equipos de la liga casildense. Sampaoli creció como entrenador en equipos de Perú y Chile. Llegó a la selección chilena, se clasificó al Mundial de Brasil 2014 y ganó la Copa América de 2015. El vínculo con la familia Scaloni continuó, había amigos en común, se veían en asados en Pujato o Casilda. Y, en uno de esos encuentros, Ángel le dijo a Sampaoli que su hijo, ya retirado, podía trabajar con él. Cuando Sampaoli se fue a Sevilla lo sumó a su equipo.

El recorrido puede tener matices, detalles que cada quien cuenta diferente, pero así llegaron a la selección argentina en 2017. Fue Claudio «Chiqui» Tapia, que recién había asumido como presidente de la AFA, el que decidió contratar a Sampaoli después de despedir a Edgardo Bauza. Era un momento *border*, con un camino difícil hacia la clasificación para Rusia 2018, que se consiguió en Quito, en la última fecha, la noche de los tres goles de Messi. Scaloni no era el colaborador principal. El ayudante de campo era Sebastián Beccacece, que ya había trabajado con Sampaoli en Chile y que regresaba después de haber tenido su primera experiencia como entrenador. Scaloni analizaba rivales, pero también acercaba opiniones sobre el equipo. Era conversador, mostraba que tenía *calle* y conocimientos sobre fútbol. Había sido campeón con la sub-20 en Malasia 97, dirigido por José Pekerman, y había jugado un Mundial junto a Messi, Alemania 2006, lo que le permitía establecer un diálogo con los jugadores.

Rusia fue un padecimiento. Sampaoli ya tenía una idea de recambio. Pero a la vez tenía un poder acotado. El capitán era Messi, pero el liderazgo le pertenecía a Mascherano, que jugaba su último Mundial. Mientras Sampaoli creía que su mediocampista era Paredes, que Lo Celso ya tenía que tener su lugar en el equipo, lo que se impuso finalmente fue la vieja guardia. Jugó con Lucas Biglia y Mascherano en el medio, lejos de lo que eran sus convicciones. Paredes ni siquiera entró en la lista. Futbolistas a los que siguió de cerca, como Lautaro Martínez, se quedaron en Buenos Aires. Esas concesiones tampoco ayudaron a tener un buen vínculo con los jugadores, que nunca se adaptaron al sistema de Sampaoli, que pretendía una línea de tres. Después del empate 1-1 con Islandia y la derrota con Croacia por 3-0, dos resultados que pusieron en situación crítica a la selección, los jugadores intervinieron para armar el equipo que tenía que jugarle a Nigeria. Se pasó a la segunda fase en un tren de angustia, la noche blanca de San Petersburgo, con el gol de Marcos Rojo. Después vino Francia y las corridas de Mbappé a un mediocampo argentino que era lento. Messi, además, atravesó esos días desconectado, encerrado en su habitación, como envuelto en otras preocupaciones.

Después de ese partido en Kazán, cuando ya estaba todo roto entre los futbolistas y el entrenador, Scaloni le contó a Sampaoli que seguiría como técnico de las selecciones juveniles. Ya estaban en ese cuerpo de entrenadores Pablo Aimar y Diego Placente. Tapia decidió despedir a Sampaoli apenas regresó de Rusia. Beccacece, el colaborador principal, había presentado la renuncia. Sampaoli intentó resistir, pero ya no tenía sostén. Scaloni se hizo cargo de la sub-20 en el torneo de L'Alcudia, y Tapia le pidió que siguiera para los amistosos que la selección mayor tenía firmados durante septiembre, en Estados Unidos, contra Guatemala y Colombia. Scaloni se lo avisó a su amigo Aimar durante una charla en Valencia. Según la reconstrucción que el periodista Roberto Parrottino publicó en el diario *Tiempo Argentino*, los dos caminaban por la playa cuando Scaloni le contó el plan.

—Vos estás loco, ¿sabés? —le dijo Aimar.

—Ah, porque vos estás muy sano... —contestó Scaloni.

Al rato comenzaron a diseñar la lista para la primera convocatoria. Fue 3-0 a Guatemala y 0-0 con Colombia. Mientras Scaloni seguía de provisorio, Tapia buscaba un técnico que no llegaba. Sin experiencia previa en un equipo de primera, Scaloni hasta tuvo que aclarar en una conferencia de prensa que tenía el título de entrenador. Los candidatos de la AFA se caían. Marcelo Gallardo, Diego Simeone y Mauricio Pochettino no quisieron el cargo. Había también problemas económicos después del paso de tres entrenadores con contratos inconclusos, Gerardo Martino, Bauza y Sampaoli. Tapia contó públicamente que habían hecho un intento por Pep Guardiola. «Billetera muy gorda», se rio el presidente de la AFA. La frase enojó al entrenador catalán. La desprolijidad gobernó la escena. Una selección necesitada de una reconstrucción lo que tenía era un interinato.

Scaloni fue confirmado antes de fin de año hasta la Copa América 2019. Ya había diálogos con Messi, que todavía no había regresado después de la eliminación en Rusia. El cuerpo técnico quedó armado con Aimar, Walter Samuel y Roberto Ayala, todos con experiencia mundialista. Aimar y Samuel habían sido compañeros de Scaloni en el título de la sub-20 en Malasia 97, factoría Pekerman. Ayala había estado en Alemania 2006 no solo con Scaloni y Aimar, también con Messi. Había un pasado común para construir complicidad. A ellos se sumaron Luis Martín como preparador físico principal, Rodrigo Barrios como preparador físico alterno, Martín Tocalli como entrenador de arqueros y Matías Manna como videoanalista, aunque sería mucho más que eso. El grupo comenzó un seguimiento de jugadores que llegarían más temprano que tarde a la selección.

En enero de 2019, Tapia hizo otro movimiento. Nombró a César Luis Menotti como director de selecciones. Fue el regreso de un técnico campeón del mundo que no había vuelto por décadas al edificio de la AFA. Menotti había puesto la primera piedra de la selección moderna, la que continuó con otro estilo el otro entrenador campeón del mundo, Carlos Bilardo. Aunque resultaran contradictorios, uno se explicaba con el otro. Por años fueron la antítesis del fútbol argentino, el debate que lo dominó todo. Podía ser simbólico, pero Menotti era una leyenda del fútbol que tenía su propia experiencia a mano para las consultas de un entrenador que, como nunca antes en la selección, no tenía antecedentes en el cargo. Menotti fue el primero que le dijo a Tapia que debía dejar a Scaloni. No solo porque le gustaba el trabajo que veía del cuerpo técnico, sino porque la selección, le dijo, necesitaba seguridad.

Así como Brasil 2019 tejió los vínculos entre los jugadores, produjo el mismo efecto entre ellos y el cuerpo técnico. Comenzó a forjarse una forma de comunicación hacia afuera y hacia adentro. También mostró una forma de conducción de Scaloni, que entre la derrota inicial contra Colombia por 2-0 y el siguiente partido contra Paraguay, que terminó 1-1, metió cuatro cambios. El episodio mereció una charla colectiva. Las modificaciones se conocieron antes por la prensa, eso no podía volver a pasar. La obsesión para que no hubiera más filtraciones duraría hasta el Mundial. Scaloni fue una apuesta audaz de Tapia, que vio en él una buena llegada a los futbolistas y también un método de trabajo. Nada de eso quita lo desprolijo. Salió bien. El diálogo con los jugadores, y sobre todo con Messi, resultó indispensable. Tapia también se construyó como dirigente y sumó poder gracias a esa llegada. Atravesó cerca de Messi y el resto de los jugadores los peores momentos, el desgobierno posmuerte de Julio Grondona, primero con Luis Segura como presidente, luego con el comité normalizador que encabezaba Armando Pérez después del 38-38. Tapia solucionaba problemas. Antes de irse, Martino le agradeció a él la colaboración de los últimos días. Todavía no era presidente de la AFA, pero ya se lo proponía. Ya era quizás el único dirigente al que Messi le respondía los mensajes.

Todo esto es la prehistoria del Mundial. Lo que vino después fue una pandemia y una Copa América, que iba a jugarse en la Argentina y Colombia y terminó jugándose en Brasil. «Esta Copa se tenía que jugar en la Argentina y Dios la trajo acá, para que la levantemos en el Maracaná», les dijo Messi a los compañeros en la arenga previa a la final contra Brasil. Dijo otras cosas que serían también símbolo y meme. Pero ahí, en ese título, hay una parte de la historia del Mundial, la liberación de un equipo y su juramento, el de ser campeones del mundo.

# 5.

Lo que empezó a forjarse cuando De Paul golpeó a la puerta de Messi en Madrid fue también lo que ayudó a transitar los días que siguieron a la derrota con Arabia Saudita. En la Universidad de Qatar, al norte de Doha, comenzó por esas horas una refundación. Se necesitaba la decisión de un entrenador, pero también la convicción de un grupo de jugadores, el entendimiento de que había que cambiar para volver a ser el equipo que había llegado hasta el Mundial. Fueron momentos de charlas. Entre los jugadores, entre el entrenador y algunos jugadores y entre el cuerpo técnico. La fuerza colectiva, la misma por la que habían conseguido la Copa América en Brasil, se tenía que imponer sobre cualquier aspiración individual.

No fueron días felices, hubo hasta un esfuerzo por mostrarse bien en los entrenamientos, para mostrar un ánimo mejor del que tenían. La pregunta sobre cómo estaba Messi seguía en el aire. «Ojalá fuera por lesión», se cansaban de responder en el círculo del genio. Y no es porque lo desearan, sino porque intentaban una explicación de lo que había pasado ante Arabia Saudita y no la había. «Si él tuviese algo —decían—, seríamos los primeros interesados en contarlo para que no se piense que juega mal por otra cosa que no sea una lesión».

También el pánico fue un dominador de esas horas. El sábado sería el turno de México, otra vez en el Lusail, a las 22 h de Qatar, esta vez de noche. Messi no lo decía públicamente, pero el cambio de horario le resultaba un alivio. No se había sentido cómodo al mediodía qatarí, con temperaturas que todavía no habían bajado como se prometía para esa altura del año. Pero más allá de esos detalles, la Argentina tenía un partido por delante que podía significar su eliminación. No era solo la salida del Mundial en la primera fase, era también en el segundo partido, una escala más abajo de lo que había sido Corea-Japón.

México había empatado cero a cero con Polonia. Tenía sus propios problemas, sus propias discusiones con un entrenador argentino, Gerardo Martino, que conocía a los jugadores de la selección, los había dirigido en su paso por el cargo, también en sus clubes, como a Messi en el Barcelona. Pero lo que importaba en el edificio de la Universidad de Qatar era lo que pasaría con la Argentina. Scaloni ya avisaba que habría cambios. No sería la única vez que modificaría en profundidad un equipo. La Copa América de 2021 estaría marcada por los cambios. Hizo cuatro entre el primer partido con Chile (1-1) y el segundo con Uruguay (1-0). Hizo seis para jugar el siguiente con Paraguay (1-0) y otros seis para enfrentar a Bolivia (4-1). Hizo ocho cambios para los cuartos de final con Ecuador (3-0) y solo dos para las semifinales contra Colombia (1-1, 3-2 en penales). Para jugar la final contra Brasil cambió medio equipo, hizo cinco modificaciones. La Argentina ganó 1-0, gol de Di María, y fue campeón.

Así como Scaloni fue con su equipo contra Arabia Saudita, el que lo había llevado al Mundial, era el momento de otro plan. Paredes siempre fue un jugador central para su idea, lo hizo su 5 aunque a veces también jugara con Guido Rodríguez. No fue fácil para Scaloni tomar esa decisión. Tampoco la de sacar a Cuti Romero, al que había mantenido como central a pesar de que Lisandro Martínez venía de una gran temporada con Manchester United. Tuvo que hacerlo. Esos fueron los cambios cruciales. Los demás podían estar dentro del presupuesto. Salió Nicolás Tagliafico y entró Acuña. Salió Papu Gómez y entró Alexis Mac Allister, que siempre fue la otra alternativa para el lugar que había dejado Lo Celso. De los cinco cambios, tres fueron en la defensa. Otros jugadores que estuvieron bajo el debate público, como De Paul y Lautaro, fueron sostenidos en el equipo.

La derrota con Arabia Saudita precipitó todo. Lo primero que se dijeron entre plantel y cuerpo técnico fue que habían ingresado, de golpe, a los treintaidosavos de final. Todavía en grupos pero ya con partidos de eliminación directa. Primero venía México, después Polonia, y cada encuentro podía implicar la puerta de salida. Lo otro que se dijo en la Universidad de Qatar por esas horas fue que no había tiempo para esperar. Los que no se veían bien tenían que salir, aunque hubieran llegado al Mundial como titulares, y los que esperaban afuera del equipo tenían que tener su oportunidad. El momento era ahora. Scaloni tomó las decisiones, pero el grupo de jugadores lo entendió. Haber trabajado sobre esa unidad también sirvió al momento de sacar futbolistas y probar con otros. Ninguno se sintió herido.

Scaloni avisó los cambios un día antes del partido en una reunión grupal. Todos sabían de qué se trataba. Fueron horas en las que el DT habló cada detalle con Aimar, su amigo y principal colaborador. Aimar, el Payaso, es su segunda voz. Se conocen desde los tiempos de la selección juvenil y mayor, siempre bajo el mando de Pekerman. La amistad continuó, incluso cuando se cruzaron en distintos equipos de España. Scaloni jugó en Deportivo La Coruña y Mallorca, Aimar lo hizo en Valencia y Zaragoza. Se llevan algo más de un año en edad. Scaloni es del 16 de mayo de 1978. Aimar es del 3 de noviembre de 1979.

En la caminata por la playa, cuando Scaloni le avisó que iba a dirigir a la selección en los amistosos de septiembre de 2018, todavía no sabían hasta dónde podían llegar juntos. Aimar disfruta de entrenar a juveniles, es el técnico de la sub-17. «Me da el tiempo que no tienen los entrenadores de primera división», dijo en *The Coaches Voices*. Aimar tiene clara una filosofía de la que parte su marco de ideas: «El fútbol es de los jugadores». Después están quienes, desde afuera, con una mirada, con un consejo, una indicación, pueden acomodar y mejorar a esos jugadores. Son los buenos entrenadores. «Estoy convencido de que el fútbol no es qué, sino cuándo», sostiene Aimar. Es el durante. Desde juveniles quiere que los chicos jueguen, que no se saquen la pelota de encima, que la tengan, desde los defensores hasta los jugadores de ataque. Al fútbol, dice, se aprende jugando.

Aimar, que es de Río Cuarto, provincia de Córdoba, que brilló en River, fue el ídolo de la infancia de Messi, el jugador que admiraba y con el que jugó su primer Mundial, en Alemania 2006. Hay un video de cuando a Messi le entregaron el Balón de Oro en 2015. Messi está en el escenario y le muestran una grabación de Aimar, que primero, en broma, le pregunta cómo hacía para jugar mejor que el de la PlayStation. Pero enseguida va a lo esencial, lo que le interesa a Aimar del fútbol, le pregunta si seguía manteniendo la ilusión de cuando era chico por divertirse jugando al fútbol. Con el micrófono en la mano, Messi está nervioso. No es incomodidad, es el nerviosismo que se tiene cuando se está ante un ídolo. Messi olvida la pregunta de Aimar, luego responde que sí, que intenta siempre disfrutar cuando sale a un campo de fútbol. «Es un jugador que admiré desde que empezó a jugar en River, desde que salió —dice Messi—. Me gustaba su manera de jugar, de seguirlo, y es una persona a la que le tengo mucho aprecio».

Pero además Aimar sabe comunicar sus ideas, sabe hablar con los jugadores. Y eso es lo que construyó al lado de Scaloni, que también confía en otros colaboradores, como Matías Manna, al que también escucha cuando argumenta cómo jugar un partido determinado. Samuel y Ayala se ocupan de otras áreas, también con perfiles bajos, pero así como el plantel tiene un espíritu colectivo, ese espíritu forma parte del cuerpo técnico. En el mismo artículo de *The Coaches Voices* Aimar dice de Scaloni: «Lo que más le admiro es la tranquilidad con la que se tomó el lugar, lo bien que lo lleva, la comunicación y la comunión que tiene con los jugadores». Aimar, además, se llama Pablo César. César por Menotti, el hombre al que admiraba su padre y con el que ahora puede compartir charlas y momentos. En ese nombre también hay una forma de ver el fútbol.

Para Aimar el partido con México no dejaba de traer oleadas de Corea-Japón 2002, la eliminación en primera fase con un entrenador que admira y quiere, Marcelo Bielsa. A medida que se acercaba la fecha, la presión se convertía en algo insoportable. Estaba también mediada por otra sensibilidad. Un mes antes de que comenzara el Mundial, se había muerto Mary Giordano, la madre de Aimar. Sus compañeros, salvo Scaloni, que se encontraba en Mallorca con su familia, lo habían acompañado en las primeras horas del duelo. La emocionalidad estaba ahí en estado de máxima pureza.

México se alimentaba en los días previos de la posibilidad de sacar a la Argentina del Mundial. Podía ser una venganza por las eliminaciones de Alemania 2006 con el zurdazo de Maxi Rodríguez y de Sudáfrica 2010 con el 3-0 del equipo de Maradona. De pronto, las calles de Doha comenzaron a escuchar una canción. En el Souq Waqif, el mercado tradicional de la capital qatarí, un punto de reunión de los hinchas, se mezclaban brasileños y mexicanos para divertirse contra la Argentina, contra Messi, para cantar su *Bella ciao:* «Oh, Di María, oh, Mascherano, oh, Messi chau, Messi chau, Messi chau, chau, chau. Los argentinos, están llorando, porque esta copa no ganás».

También se cruzaban en Msheireb, la estación de metro más transitada de Doha porque combina las tres líneas que la ciudad inauguró en 2019, Golden Line, Green Line y Red Line. Por ahí pasaban los saudíes que todavía llevaban la estela eufórica de haberle ganado a la Argentina. *«Where is Messi? Where is Messi?»*. ¿Dónde está Messi? Entonces lo celebraban los mexicanos, que estaban por todas partes, que habían llegado en masa a Qatar.

Los argentinos dedicaron esos días previos a organizarse. Su lugar en Qatar era Barwa, a una hora y media del centro de Doha, donde se conseguía el hospedaje más económico del Mundial, unos edificios de tres pisos, que podían dar alojamiento en habitaciones austeras que costaban entre ochenta y ciento veinte dólares la noche. Algunos lo llamaban «la cárcel». Tenía cocinas y baños comunes, se armaban asados y ranchadas que duraban hasta la madrugada y a veces contaban con un jeque que donaba carne para tirar al fuego. El Barwa fue el barrio argentino. Más allá de que los saudíes fueron más en el Lusail, con sus gritos, con el chiflido, con la fuerza árabe, los argentinos estuvieron dispersos. Quedó la idea de que no cantaron, no alentaron, que se quedaron en silencio durante el peor momento de la selección. En los grupos de WhatsApp, entonces, comenzó a circular el plan para el partido con México. Que no se respetaran las ubicaciones determinadas en las entradas. Los barras, unos cien que habían llegado a Qatar, en su mayoría segundas y terceras líneas sobre los que no recaía el derecho de admisión, también se organizaron para que los bombos y los redoblantes se ubicaran en la misma tribuna, detrás de un arco. Hubo hasta intercambio de *tickets* para acumular fuerzas en un lugar.

Así se armó uno de los partidos con más ruido de tribuna de Qatar 2022. El Lusail, su estructura circular, transpiraba. Es un estadio dorado por fuera, a sus costados, y con techo plateado. Es como si lo hubieran armado con una budinera que deja el hueco en el medio. Entran más de ochenta mil personas, tiene un hotel de lujo adentro, y el agujero redondo del techo se puede cerrar. Como todos los estadios, tiene sistema de refrigeración, pero la noche en la que jugaron Argentina y México no alcanzó el aire acondicionado para bajar la temperatura, aumentada por la tensión, por una bomba a punto de explotar.

México esperó con una línea de cinco, una barrera de clausura. La Argentina se movió en la cancha con los resabios del partido contra Arabia Saudita, un pase pesado, falta de circulación, pérdida de pelotas y la impotencia para entrar al área mexicana. Hubo un córner cerrado de Messi, un cabezazo errático de Lautaro y Dibu Martínez voló para un tiro libre de Alex Vega. El primer tiempo se diluyó en esos intentos, todo demasiado poco, lo que sumó tensión a jugadores y cuerpo técnico. También a los hinchas. Fue una continuidad del padecimiento. Polonia le había ganado un rato antes 2-0 a Arabia Saudita, el empate todavía mantenía a la Argentina en el Mundial, pero en un espacio cada vez más apretado.

De ese partido quizá se vio todo, pero lo que no se vio ocurrió en el vestuario durante el entretiempo. Messi se encargó de hablar con sus compañeros, de ejercer su liderazgo. Sabía que se necesitaba un gol, desatornillar el partido. La charla del capitán fue motivacional y ocurrió en el momento tal vez más caliente y de más incertidumbre de la selección en todo el Mundial. Si la Argentina no ganaba, podía quedar afuera. Así que Messi habló ante el grupo de hacer el esfuerzo para superar ese momento, de hacerlo por la gente que había viajado tantos kilómetros a verlos, por la gente que había aguantado tanto, por ellos mismos para no dejar escapar esa posibilidad de seguir adelante, de ganar el Mundial, que para él quizá fuera la última.

Scaloni ya pensaba en los cambios. Decidió entonces que era el tiempo de Enzo Fernández. Fue todo bajo el mismo paradigma de lo que había dicho antes del partido, que no se podía esperar. Enzo, con veintiún años, salió a jugar su Mundial, aunque ya había entrado en el segundo tiempo contra Arabia Saudita, lo que fue su debut oficial en la selección. Hasta el primer semestre de 2021, Enzo estaba en Defensa y Justicia a préstamo de River. Marcelo Gallardo lo recuperó en junio y lo hizo brillar en el equipo. Antes incluso de llegar al Benfica de Portugal, a mediados de 2022, Enzo ya buscaba un lugar en la selección. Scaloni se cansó en un momento de que se lo preguntaran.

—Está Mac Allister, está Palacios, ¿por qué insisten con Enzo? —dijo un día durante la gira en Estados Unidos.

Pero lo seguía de cerca. Enzo arrastraba una temporada perfecta en la que, incluso, su equipo no había perdido con él de titular. Tampoco lo pensaba como volante interior, le interesaba como cinco, en el medio campo, quería que hiciera ese trabajo a pesar de que a Enzo le gustaba irse, pisar el área, hacer goles sin estar demasiado atado. «Enzo, de cinco», le repetían en los partidos para que no se fuera. Enzo ya tenía claro lo que quería desde hacía tiempo. «Quiero jugar el Mundial, me preparo para eso», decía. No filtraba las palabras, no le interesaba. Para Scaloni fue la búsqueda de una alternativa a lo que ofrecían Paredes y Guido Rodríguez, y si en ese caso tuviera a uno de ellos en la cancha, podría soltar a Enzo. Por fuera de Messi y de jugadores que hacía tiempo ya se sentían en el Mundial siempre que llegaran sanos, Enzo fue uno de los primeros en enterarse de que estaba en la lista. Scaloni lo llamó antes de viajar a Qatar y le dio la noticia.

Contra México lo mandó a la cancha para lo que lo había pensado. Para que jugara de cinco, para que se parara en el medio y así aprovechar su pase además de su capacidad de recuperación. Su ingreso refrescó al equipo. A los 63 minutos, cuando la Argentina entraba en zona de desesperación, Enzo abrió para Di María, Di María buscó a Messi y Messi, unos pasos antes de la medialuna del área, paró la pelota con la zurda y sacó el disparo teledirigido contra el palo izquierdo de Guillermo Ochoa.

Si existiera un medidor de grito de gol en el tiempo, algún tipo de aparato similar a un sismógrafo, el que Messi le hizo a México ingresaría en la galería de los más gritados. Hay goles mitológicos, como los dos de Diego a los ingleses en el Azteca, o goles hermosos, como los que les hizo a Bélgica y a Italia. Hay goles que dieron campeonatos del mundo, como el segundo de Mario Alberto Kempes a Holanda en 1978 —que luego amplió Daniel Bertoni— o el de Burruchaga a Alemania en 1986. También hay goles que son inolvidables, como el de Maxi Rodríguez a México en 2006, y otros que fueron una belleza por la sinfonía de toques, como el de Esteban Cambiasso a Serbia y Montenegro. Y hay más. Pero hay goles gritados con las venas abiertas, como el de Claudio Caniggia a Brasil en Italia 90 o, más cercano y casi por lo mismo, el de Marcos Rojo a Nigeria. Es posible que, si se lo midiera con justeza, el gol de Messi supere a esos goles en el tono del grito. Fue un acto de exorcismo, sacó a millones de personas de una pesadilla. En el Lusail, además de las imágenes de llanto, las lágrimas que le siguen al grito contenido, se desplegó sobre los sectores de argentinos un manto de alivio. Había sido desactivada la bomba, aunque el peligro siguiera corriendo.

Fue también la imagen de Aimar en trance, primero tapándose la cara y después descubriéndola para mostrar los ojos. Esos ojos eran los de alguien que había visto a un monstruo del otro lado de la pared. Aimar quedó tirado en el banco de suplentes mientras Scaloni, casi como haciéndole RCP, pegándole en el pecho le preguntaba por un cambio: «¿Cuti y quién? ¿Cuti y quién? ¿Cuti y quién?». Samuel intentó hacer un comentario, pero Scaloni le insistía a Aimar, que respiraba hondo como para que el alma le volviera al cuerpo o para que le quedara adentro y no lo abandonara. «Me emocionó mucho verlo llorar ahí —contaría luego Ricardo, el padre de Aimar, en FM Gospel 102.9— y después le pregunté. "Se me cruzó todo, mamá, el gol que hizo el chiquito Messi". Estaban muy presionados con el tema de quedar afuera antes de octavos».

Scaloni ensayaría una idea durante una de sus conferencias de prensa: «La sensación es que te estás jugando más que un partido y la verdad es que no lo comparto». Su hermano le había contado que no había podido ver el partido, que se había ido al campo para no hacerlo. «Es difícil hacerle entender a la gente que mañana sale el sol, ganes o pierdas. Lo importante es cómo hiciste las cosas o si intentaste hacerlas lo mejor posible». Pero, más allá de la gente, Scaloni y Aimar viven el fútbol con esa intensidad.

No se iba a notar en ese momento pero había una forma de saber cuándo Scaloni iba a hacer un cambio. Era cuando se sentaba y charlaba unos minutos con Aimar. Scaloni siempre se mantenía parado en un ángulo del corralito que se les marca a los entrenadores. A la derecha del banco, la pierna izquierda apoyada, los brazos cruzados. Así se lo podía ver la mayor parte del partido y, en general, callado. Salvo cuando la pelota le llegaba cerca y entonces se activaba. «Dale, dale, dale», gritaba o daba alguna orden. Era también una forma de marcar presencia. Para las indicaciones, se apoyaba mucho en Molina-Montiel o Tagliafico-Acuña, dependiendo de quién jugara, dependiendo también de si estaban de su lado. Casi siempre el que recibía la indicación de cambio de esquema era el lateral o era De Paul. Ellos tenían que avisar al resto cuando quería cambiar la disposición táctica. En el Lusail, como cada vez había más argentinos y era cada vez más difícil que los jugadores pudieran escuchar, muchas veces mandaba a Luis Martín, el preparador físico, muy querido por todo el plantel, a que diera toda la vuelta a la cancha. Luis corría con su pelo largo, pasaba por detrás del arco, delante de los periodistas que estaban en el campo de juego y de los fotógrafos, y trasladaba algunas indicaciones hasta donde Scaloni no llegaba. Tenía poco tiempo para que el lateral que estuviera del otro lo escuchara. Tenía que hacerlo antes de que lo vieran los funcionarios de FIFA, en tiempo récord, porque sabía que lo echarían. Pero así llegaban las órdenes para Acuña o Mac Allister, para Molina o De Paul, para quienes estuvieran del otro lado.

Aimar nunca se paraba. Scaloni iba hacia él cuando quería hacer algún cambio, para consultarlo. Era el movimiento necesario para saber que ahí vendría alguna modificación. Samuel era el otro colaborador que daba indicaciones, el segundo en actividad durante el partido. Aunque pocas veces se lo viera gritando junto a Scaloni. Eran momentos determinados. Se encargaba, sobre todo, de la marca en pelotas paradas. Cada vez que había una en contra de la Argentina, Samuel era el que gritaba y ordenaba desde el banco de suplentes. En ocasiones era tan enérgico que se quería meter dentro de la cancha porque había visto mal, o veía algún rival libre que no tenía marca.

Aimar se mantenía en silencio, al menos con los jugadores. Seguía el partido conectado a Manna. Era el que planificaba los cambios. Por eso Scaloni se sentaba con él a consultarlo. Por eso, cuando todos veían a Aimar poseído, lo que el entrenador le preguntaba era qué cambio más hacer además de meter a Cuti. Las cámaras no lo enfocaron, pero Aimar le debe de haber respondido a Scaloni, porque unos minutos después entraron Cuti Romero por Di María y Palacios por Alexis. Quedó inaugurado en ese instante el uso de la línea de cinco para darle dos vueltas de llave a los partidos. Aunque no siempre funcionara. Hasta ese momento, la línea de cinco era solo información de consumo de los periodistas que seguían a la selección, pasaba solo puertas adentro del predio de Ezeiza o en las giras. En Estados Unidos, Scaloni practicó durante toda la semana ese esquema. Hizo lo mismo antes de jugar contra Italia en Wembley. Pero no la utilizaba, la sacaría en el momento que fuera necesario y ese momento fue el Mundial. Y el momento específico del Mundial fue contra México. Durante un año preparó al equipo para jugar así cuando fuera necesario.

Antes de que comenzara Qatar 2022, Scaloni había dado una pista de lo que quería como equipo, de lo que sabía que era necesario para avanzar en el Mundial. «El Mundial —dijo el entrenador— lo ganan los equipos cautos, que saben cuándo atacar y defender. No uno que avasalla y está continuamente en campo contrario. Nos tenemos que adaptar a eso. La inteligencia forma parte del fútbol. Si algo no nos conviene, tendremos que hacer otra cosa». Esa idea, ese pragmatismo, se vería en la selección argentina.

México tampoco se lanzó al asedio en los últimos minutos, pero los tres centrales, Cuti, Lisandro y Otamendi, se dispusieron a que ni siquiera existiera esa posibilidad. Ya había entrado Julián Álvarez, un rato antes del gol de Messi, para presionar sobre los centrales. El equipo comenzó a asomar su cabeza. Con lo que había hecho Mac Allister, con Enzo y con Julián hiperactivo y activando a su vez a Messi, de pronto se moldeaba una nueva formación.

Hasta que Enzo, el chico de veintiún años con sonrisa perfecta que se había preparado para jugar este Mundial, dijo que ya no había manera de sacarlo de ahí. Lo dijo a su modo, con su fútbol. De Paul jugó corto un córner para Messi, faltaban cuatro minutos para el final. Messi se la dio liviana a Enzo, que se había soltado del mediocampo, desde la izquierda al área, que pasó una pierna por encima de la pelota, amagó, se sacó de adelante a un rival y la colocó al costado del palo. Era el gol del goce, una explosión que ya no era solo de alivio. Era un acto de belleza de Enzo.

Messi tuvo un lapsus cuando después del partido habló con los medios. «En el segundo cuando nos cagam... cuando nos calmamos y empezamos a mover la pelota hasta el gol volvimos a ser lo que somos nosotros», dijo. Volvió a hablar de lo que costó el primer partido con Arabia Saudita, del debut de algunos jugadores en un Mundial, de ese horario del mediodía que no quiso poner como excusa pero que era incómodo; de su tobillo, del que se rio porque no tenía problemas aunque se lo torció —sin consecuencias— al final del primer encuentro. Insistió en que estaba bien y en que seguían las finales. «Hoy arrancaba otro Mundial para nosotros», dijo. Cuando ya el calor de los cuerpos había bajado, cuando lo que quedaba era revisar lo que había pasado en la cancha contra México, alguien del equipo resumió el partido: «Fue como una noche de Copa Libertadores». Sabía de qué hablaba. Ahora se venía lo siguiente, la otra final, la que se jugaría con Polonia.

# 6.

Con Polonia lo que sucedió fue un equipo. Si Arabia Saudita fue el golpe y el cambio, si México fue el alivio, Polonia fue la esperanza, lo que vendrá. Los veintisiete pases previos al gol de Julián Álvarez sacaron a relucir varias cuestiones. Una convicción, sobre todo, pero también jugadores dispuestos a llevar adelante el plan sin que nada los corriera del camino. Esa sucesión de toques terminó con Enzo picándosela a Julián, futbolistas a los que llamamos por su nombre de pila, que es un modo de hacerlos más cercanos. Fueron Enzo, Julián y Alexis, los jugadores inesperados.

El partido con México se había vivido con miedo, con el temor a que el Mundial pudiera terminarse ahí. Con Polonia se cambió el escenario. La Argentina salió por primera vez del Lusail para jugar en el 974 Stadium, en el distrito de Ras Abu Aboud, pegado al mar del Golfo y frente a la línea de edificios de West Bay. No era una distancia mayor, apenas veinticinco minutos arriba del micro desde la Universidad de Qatar. Lo que cambiaba era la capacidad, que era de la mitad del Lusail, la fisonomía y la acústica. El 974 fue armado con 974 *containers* y acero reciclado, todo para ser desmontado apenas terminara el Mundial, el primer estadio de esas características. A los qataríes les gustaba jactarse de esto, de su sustentabilidad ambiental, de cómo lograron así encontrarles una solución a los elefantes blancos, los grandes estadios que luego quedan en desuso, y de que +974 es el prefijo internacional de Qatar.

Básicamente, hicieron una cancha para jugar siete partidos y Argentina-Polonia fue uno de ellos. El cambio de ambiente también favoreció a la fiesta. Todavía estaba muy fresco el sufrimiento en el Lusail, más allá de la victoria con México, y además los polacos eran pocos, como eran pocos en general los europeos en Qatar. Los argentinos le dieron al redoblante, al bombo y al «Muchachos, ahora nos volvimo a ilusionar» y todo retumbó bien cerca.

Es cierto que la clasificación no estaba asegurada y el primer tiempo fue difícil, como metido en un corsé. La Argentina fue dueña de la pelota, del partido, se paró bien arriba. Polonia ni siquiera tuvo la mínima audacia de buscarlo a Robert Lewandowski, su arma mayor, o quizá la tuvo, pero nunca le salió. El asunto es que el dominio argentino se encontró con el arquero polaco Wojciech Szczęsny. Era una probabilidad que sacara todo y así lo hizo. Incluso con el penal que le cobraron por VAR a la Argentina, una salida de Szczęsny para cortar un centro en la que le dio con el puño en la cara a Messi. Fue quizás el único penal donde Messi no esperó al arquero: eligió antes, fuerte, arriba, a la izquierda. Szczęsny lo sacó.

Con ese empate la Argentina se podía clasificar, pero dependía de lo que pasara entre México y Arabia Saudita. Además, si terminaba segunda, a esa altura sabía que Francia había ganado su grupo y que abajo había terminado Australia. O sea, tendría que volverse a cruzar con los franceses en octavos de final, igual que en Rusia 2018. La selección nunca se derrumbó después del penal que le sacaron a Messi. Al contrario, en lo que siguió tuvo quizá sus mejores momentos. Pero recién en el segundo tiempo, al minuto de que empezara, con una asistencia de Nahuel Molina, llegó el gol de Alexis, pegándole con algún defecto pero cruzándosela de palo a Szczęsny.

El triunfo con ese gol ya le daba la primera posición. Había marcado México en el otro partido. Ya había comenzado lo que sería quizá la mejor última fecha de grupos de un Mundial. Porque al rato hubo un segundo gol de México, 2-0 a Arabia Saudita en el Lusail. Fue un momento de confusión, al límite, porque, si llegaba a igualar Polonia, había que hacer cuentas, tener a mano la diferencia de goles, incluso las tarjetas amarillas.

Pero estaba el equipo, la pelota que empezó a pasar de un lado a otro, recorrió cada línea, las camisetas blancas corriendo detrás, viendo cómo las violetas nunca perdían la paciencia, todos pases cortos, alguna aceleración, una llegada al área, vuelta a empezar, y el definitivo, el pase de Enzo a Julián Álvarez para un gol que habrá que mirar mil veces con cámara cenital. El 2-0, el dominio de la Argentina y la inferioridad de Polonia abrieron el camino hacia los octavos de final. Como México le ganaba también por 2-0 a Arabia Saudita, tenía la misma diferencia de gol que Polonia. Empatados en puntos, empatados en goles, la clasificación en ese momento era por conducta deportiva, por *fair play*. Se clasificaba Polonia porque tenía menos amarillas. Es decir, un gol de la Argentina, un gol de México o una tarjeta dejaban afuera al equipo de Lewandowski. Pero lo que llegó, al final, fue un gol de Arabia Saudita en tiempo adicionado. Y entonces la selección mexicana se fue de Qatar. El cruce de la Argentina sería con Australia. Polonia iba a ser rival de Francia.

En todos los grupos hubo momentos de tensión y sorpresas. A Ecuador se le escapó el partido con Senegal, perdió y quedó afuera. Inglaterra y Estados Unidos fueron los clasificados previsibles de su grupo. Pero Australia le ganó a Dinamarca en esa última fecha y no solo pasó a octavos de final, sino que sacó a una selección que había llegado a Qatar con más ambición. Túnez fue feliz ganándole a Francia el último partido. Japón se metió en el primer lugar y mostró las primeras grietas de España. Hubo unos minutos de ese grupo en el que Costa Rica le ganaba a Alemania y entonces no solo la echaba del Mundial, sino que también se metía en la siguiente fase empujando a España, algo de lo que nunca se enteró su entrenador, Luis Enrique. «Me habría dado un infarto», dijo.

Marruecos fue la emoción árabe. Se llevó puestos a Bélgica y Canadá. Dejó segunda a Croacia. Brasil perdió con Camerún y estuvo a un gol en contra más o un gol de Suiza, que le ganó a Serbia 3-2, de quedar en la segunda posición. Pero uno de los momentos más intensos ocurrió en el estadio Al Janoub, donde Uruguay vencía a Ghana 2-0. Como Portugal le ganaba 1-0 a Corea del Sur, la selección celeste se metía en octavos de final después de un arranque difícil en Qatar. Incluso cuando empató Corea del Sur seguía adentro. Pero en tiempo adicionado, las pantallas del estadio anunciaron que hubo otro gol coreano, que entonces ganaba 2-1 y pasaba a la siguiente fase. Uruguay tenía que hacer otro gol, se quedaba afuera. Un colaborador se acercó a Diego Alonso, al técnico, que miraba cómo Ghana acechaba el arco uruguayo, y le avisó al oído que estaban quedando afuera, que se necesitaba hacer un tanto más. Alonso comenzó a desesperar gritándoles a los jugadores que fueran para adelante, que no les alcanzaba. Luis Suárez lloraba de impotencia y angustia en el banco de suplentes. Uruguay no pudo y se fue de Qatar.

Cuando Julián hizo el segundo gol contra Polonia, como cuando Alexis hizo el primero, como en cada gol de la Argentina en el Mundial, lo que sonó en el 974 fue Wos, *Luz delito*, la canción que eligieron los jugadores para celebrar. Cada selección tenía la propia.

> «¿Qué tal?», dijo el hombre rutinario
> Mírala a la muchacha como besa su rosario
> Pide al cielo y suspira con su rezo diario
> Pero se ve que Dios no escucha a los de su barrio.

Sin embargo, otra de Wos, *Arrancarmelo*, empezaría a escucharse en la Universidad de Qatar, entre los jugadores de la selección, lo que sería de alguna manera una forma de tomar envión, de que este Mundial fuera propio.

> Y no tengo pensado hundirme acá tirado
> Y no tengo planeado morirme desangrado
> Y no-oh-oh, no me pidas que no vuelva a intentar
> Que las cosas vuelvan a su lugar

Entre los *containers* del 974 apareció el equipo, su idea, su juego, algo de lo que lo había traído a Qatar. Con modificaciones, con flexibilidad táctica, con algún detalle que pudiera sorprender al rival, con cuidados físicos o posibles problemas, pero el equipo apareció con Polonia. El gol de Julián no fue casualidad. La Argentina dio ochocientos diez pases contra Polonia. De Paul fue el puente de todo, por él pasaba cada pelota. Enzo solo erró ocho pases de los noventa y cuatro que intentó. Pero lo importante es que hubo pases de riesgo, y sí, a veces son los pases que no llegan, pero hay que intentarlos. Fue el partido en el que se empezó a decir que había sido el mejor de la selección de Scaloni, aunque luego le seguiría otro. Lo mismo con Messi, su mejor partido siempre sería el próximo.

# 7.

El instante que todo lo anuncia es la entrada de una copa del mundo gigante, un inflable dorado que al principio está al costado, en un córner, y luego lo llevan en un carrito sobre el césped hasta el centro del campo. Se apagan las luces, salen fuegos rodeando la copa, llamaradas desde los costados sobre una alfombra que tapa el círculo central y que dice «Fi__nal», en la tipografía de Qatar 2022, especie de caligrafía árabe fusionada con la occidental. De un lado y otro se despliegan las banderas de los países que juegan. Abren la bandera de la Argentina y abren la bandera de Francia, siguen fuegos y más fuegos alrededor de la copa, todo con una música de presentación que va *in crescendo*. Es la ceremonia *prematch* de todo el Mundial. El *show* de luces prologa la salida de los jugadores al campo de juego. El ritual se nos hizo cotidiano.

En las pantallas del Lusail aparece Messi en alta definición. Saluda a Didier Deschamps, el técnico francés, con la mano cruzada y una sonrisa. Se abraza con Dembelé, que fue su compañero en el Barcelona. A la pasada se da un abrazo con Mbappé, con él juega en el PSG y hoy es el villano de su historia de superhéroe. Messi camina serio y seguro por el pasillo, masca un chicle, lleva el banderín en la mano, va a pararse adelante de todos como capitán al frente del equipo, se saluda con Antoine Griezmann, hay una sonrisa, un abrazo, algo se dicen, pero no se llevaron bien en el Barcelona. Messi apura el paso, ya están todos formando la fila, los chicos que salen con las selecciones dicen «Messi, Messi». Saluda al árbitro polaco, se da la mano con Hugo Lloris, y ahora sí está para salir a hacer suyo el mundo.

Messi se acomoda la cinta, se mueve, mira para allá y para acá, saluda con una sonrisa. Atrás de él, como su guardaespaldas, que de algún modo lo es, está Dibu Martínez. Como mide 1,95, en la pantalla del estadio solo se ve su pecho atrás de la cabeza de Messi. Más atrás siguen Cuti Romero, Nahuel Molina, Alexis, Julián, Enzo, Tagliafico, De Paul, Otamendi y Di María. En ese orden salen a la cancha. Se escucha *Arhbo*, una de las canciones del Mundial, la que hacen Gims, Ozuna y RedOne, que mezclan el árabe, el inglés y el castellano. Los jugadores se acomodan para los himnos, el momento mundialista que vuelve a tensionar los cuerpos. Los franceses tienen *La marsellesa*, la va a cantar Farrah El-Dibany, una *mezzosoprano* egipcia que forma parte de la Ópera de París, será todo más solemne. Pero antes va el himno argentino, sus líneas finales, y esta vez lo canta Lali Espósito. Messi cierra los ojos. La cámara lo pasa en un *travelling*. «Sean eternos los laureles, que supimos conseguir, que supimos conseguir, coronados de gloria vivamos, o juremos con gloria morir, o juremos con gloria morir», ese final que son palmadas en el pecho, vamos, vamos, vamos. En el banco de suplentes también están abrazados. Lali le escapa al protocolo y grita: «¡Arriba, Argentina!».

En todo ese momento se palpa el vínculo de un equipo con sus hinchas. El que construyeron los jugadores y el que se terminó de definir con un neologismo que jugó con el apellido del entrenador y al cual se le agregó el sufijo «neta»: la Scaloneta. Tiempo atrás, la misma fórmula se había usado para otros equipos con el apellido de sus entrenadores o con sus apodos, o incluso con el apodo del club. A fines de los noventa, San Lorenzo tuvo una Reserva dirigida por Roberto Mariani, una generación de talentos a la que le decían la Cicloneta. River tuvo otra conducida por Jorge «Vitrola» Ghiso, le decían la Vitroleta. La selección argentina fue siempre la Selección, pero esta es la Scaloneta.

Como toda construcción mitológica, resulta difícil rastrear su creación. Hay distintas versiones que la alimentan. «Che, ¿cuándo y cómo nació el concepto SCALONETA? ¿Sabemos?», preguntó en Twitter la periodista Noelia Barral Grigera, @nbg__. Las respuestas fueron variadas, pero el hilo conformó una breve historia del concepto. Javier Asioli, @jasiolix, le citó su rastreo: la primera vez que en esa red social alguien usó el término Scaloneta fue El Papá de Rocío, cuyo usuario es justamente @la_leandreta, que el 29 de julio de 2018 a las 17.52 escribió: «En 20 minutos arranca la Scaloneta (?)». Ese día, la sub-20 de Scaloni debutaba en el torneo de L'Alcudia contra Venezuela. El mono de sofista, @sofistaserfista, recordó a otra cuenta, la de @dvdrgn, que el mismo día, a las 19.54, tuiteó durante el partido: «Tercero de la scaloneta, el gigante (?) Adolfo Gaich, gringazo de San Lorenzo». Hasta ahí era la selección juvenil. Pero en la misma búsqueda arqueológica aparece un tuit de @giancarlol__ el día previo al primer amistoso que dirigió Scaloni con la selección mayor, en septiembre de 2018: «Ya saqué boleto para el tren de la Scaloneta, va directo a Qatar, súbase el que quiera, hay lugar».

El concepto le pertenece a Twitter. Pero tomó otros caminos que lo popularizaron. El primero que lo llevó a los medios en 2018 fue Ernesto Provitilo, @Ernestou, en el *Programa sin nombre* (o Rabonushka) que salía a la medianoche por TyC Sports. Entre él y su conductor, Agustín Fantasía, comenzaron con lo que llamaban el scalonismo. Un tren con la cara golpeada de Scaloni, llena de apósitos después de un accidente en bicicleta que había sufrido en Mallorca, los tenía a ambos adentro. Y les pedían a los demás que se subieran. «La idea del programa era ir contra la corriente —dice Provitilo—. Y lo que veíamos era que no tenía banca de nadie en el periodismo, no era como otros que podían tener a un sector que los apoyaba. Los únicos éramos nosotros». Acá hay un punto que lo diferencia a Scaloni de anteriores entrenadores de la selección. Al no tener antecedentes, no tenía ningún núcleo duro que pusiera la cara por él en los medios durante esos primeros días. No era Bilardo antes de México 86, cuando el equipo y él eran cuestionados pero había un sector muy fuerte que defendía. La idea común que primaba era que alguien sin experiencia previa y que además había sido ayudante de Sampaoli, lo que se consideraba una traición, no podía ocupar ese cargo.

Lo que en el *Programa sin nombre* comenzó como algo irónico se tornó serio a medida que pasaba el tiempo. «Empezamos a darnos cuenta —recuerda Provitilo— de que, si bien el equipo no tenía todavía un funcionamiento aceitado, las convocatorias estaban buenas, había un trabajo de búsqueda y Messi estaba supercómodo». No todos estaban a favor. Se necesitaba construir la discusión. Armaban debates a los gritos de madrugada parodiando a otros programas deportivos. «Cada decisión, cada declaración, se bancaba coreando su nombre: "Escaloooo, Escaloooo"», contó Antonio Serpa, otro de los integrantes del programa junto a Alfredo Montes de Oca.

La Copa América de 2019 produjo los primeros efectos sobre los hinchas. El equipo, la reacción de Messi después de ganar el partido por el tercer puesto frente a Chile, jugadores que crecían en sus puestos y que se repetían, eran todas señales de que algo ya había. En Twitter también le reconocen el scalonetismo a @Bixic0me, que dice que se abrazó a esa idea con la derrota frente a Brasil en las semifinales. «Vi la famosa vergüenza deportiva encarnada ahí», cuenta. En 2021, después de cada partido de la selección, comenzó con los Bixispaces, un espacio de Twitter junto a Nicolás Saralegui (@nicosaralegui), que se conectaba desde Brasil. Ahí estaba también la Scaloneta.

Con el tiempo y los triunfos, llamar la Scaloneta a la selección se hizo masivo, comenzó a estar más seguido en los medios. Rodolfo «Gringo» Cingolani usaba el término en los debates de TyC Sports. Ya campeones de América, en su programa el conductor Alejandro Fantino bautizó a Scaloni con el nombre de «Leónidas de Pujato», le puso un casco griego y le entregó una espada, mientras se refería a la batalla de Termópilas en la que trescientos espartanos derrotaron a cientos de miles de persas. «No tengo miedo», le hizo repetir a Scaloni. «La Scaloneta, primera línea hoplítica», cerró Fantino.

¿Pero qué es la Scaloneta? ¿Qué nos dice el neologismo? En su *newsletter Diez palabras*, la periodista Marcela Basch escribió: «Subí que te llevo. Esa fue siempre mi sensación con la Scaloneta. Súbete a mi motoneta. Por eso me sorprendió leer [en un artículo de *elDiarioAR.com*] que la investigadora del Conicet Andreína Adelstein doctora en Lingüística) decía: "Es una formación por acronimia de Scaloni y de camioneta. Esto se refuerza por la imagen de un colectivo, un transporte de grupo". ¿Camioneta? Llevo un rato pensando en esto: motoneta, bicicleta, renoleta, avioneta. ¿Existe el sufijo -eta como medio de transporte? ¿O trae, como dice Adelstein, "un valor afectivo porque es un sufijo diminutivo"? ¿O las dos cosas? No hay Ferrarineta ni yateneta. Scaloneta da esa sensación de euforia modesta del trencito de la alegría, perfil bajo el mar».

Como concepto tuitero, la Scaloneta también fue meme. A medida que la selección avanzó invicta comenzó su circulación masiva. Uno que se repetía cada vez que terminaban los partidos fue creación de Ángel, cuya cuenta de Twitter no requiere explicación: @LaScaloneta. Se trata de una foto editada con la cara de Scaloni en la que se lee: «La calle derrota??? No ni idea mostro me mataste no soy de por acá». La imagen original es de Bahía Blanca, provincia de Buenos Aires, en la calle Vieytes, porque atrás se ve un colectivo 513, que pasa por ahí. «La encontré buscando en Google "señor esperando el colectivo" o algo así. Elegí uno que tuviera abrigo negro así le ponía el logo de la selección», dice Ángel, que creó la cuenta en febrero de 2019 aunque el meme es de 2021. Ya supera los 240 000 seguidores en Twitter. Así es el fútbol *champagne*, sexo, sexo, sexo, fútbol erótico, Scaloni con un cigarillo en la boca y destapando una botella, un colectivo en el que maneja junto a Messi y todo el equipo, todo fue *memeable*.

La tribuna canta «que de la mano de Leo Messi todos la vuelta vamos a dar», cuando ese lugar le pertenece casi siempre a los técnicos de los equipos. Pero es Messi el que está en la cancha y con Scaloni, además, la rima estaba difícil. La Scaloneta vino a darle ese lugar, aunque nunca le haya gustado demasiado al entrenador. «La verdad, me pone incómodo. Pero no puedo hacer mucho, solo agradecer el cariño de la gente para con la selección. Si a la gente le gusta, la pasa bien con el equipo, está bien», contestó en marzo de 2022 durante una rueda de prensa previa a un partido frente a Ecuador por las eliminatorias. A Cingolani en TyC Sports le respondió así: «Me hinchan tanto los huevos con eso que ya por momentos me pone hasta nervioso. No soy ni más ni menos que nadie. Entreno a un equipo de fútbol, intento que las cosas fluyan y vayan bien». Sobre esa idea giraron sus respuestas cada vez que le preguntaron sobre el tema. «Me dicen Scaloneta. No, yo soy Scaloni. Ya está instalado», dijo en un móvil de TV antes de subirse a un avión rumbo a Qatar, mientras se sacaba fotos con la gente.

Por fuera de los memes, de la búsqueda tuitera sobre cuándo apareció el término, de si le gusta o no al entrenador, lo que se construyó fue un vínculo. Los hinchas se sintieron identificados con este equipo. Fue un amor mutuo que creció con los partidos. Había que buscar demasiado atrás para encontrar algo parecido a esta selección. Que tuvo momentos difíciles. Cuando en los inicios de Scaloni algunos comenzaron con la Scaloneta, se enfrentaron a una opinión generalizada en contra del entrenador. Incluso su gira en marzo de 2019, con la derrota frente a Venezuela por 3-1 y luego la victoria frente a Marruecos 1-0, derivó en una frase de Scaloni que también fue meme pero de burla: «Si salteamos el partido con Venezuela, esta gira salió bien».

Así como nunca se subió a la idea de Scaloneta, Scaloni tampoco confrontó las críticas de modo airado. Se mantuvo en su línea, al menos públicamente. Cuando respondió una pregunta sobre si tenía título de entrenador, sonrió y lo explicó: «Tendría que haber traído el carnet. UEFA Pro, que es el máximo título posible y lo hice en la Real Federación Española de Fútbol porque a los jugadores que juegan más de ocho años en el fútbol español les dan la posibilidad de hacer ese curso».

En todo ese camino se fue forjando un movimiento, el scalonismo, y su derivación, su objeto, la Scaloneta, que ahora está en la final del mundo. Se terminaron los himnos, se va Lali, se retira la copa gigante, quedan los jugadores en la cancha. Los de Francia, los de la Argentina. Es la hora del partido.

# 8.

Los días anteriores al partido con Polonia ya habían sido tranquilos. Se notaba la paz en la Universidad de Qatar, aunque todavía faltaba la clasificación, lo que llegó la noche del 974 Stadium, a la orilla de las aguas del Golfo. No solo se trató del pase a octavos de final: además había tocado Australia, que no era una potencia como Francia ni tampoco era la selección europea que prometía, como Dinamarca, que venía de llegar a semifinales de Eurocopa y hacer una gran Nations League, donde incluso venció a Francia dos veces, de local y visitante. Pero Australia lo sacó de juego, le ganó el tercer partido y se metió segunda en el grupo.

Australia recordaba al repechaje para entrar al Mundial de Estados Unidos, la vuelta de Diego a la selección en 1993, los partidos sin *doping* en Sidney y Buenos Aires, la historia maradoniana del café veloz. Graham Arnold, el entrenador, había jugado esos partidos. También había dirigido la selección olímpica en Tokio 2020. Esa vez la Argentina jugó con Australia el primer partido y perdió. Arnold repitió la historia de ese encuentro, se dio ánimo con el dato. «Es una camiseta amarilla contra una camiseta a rayas celestes y blancas, es 11 contra 11», dijo por esas horas.

En el campamento argentino se celebró el rival. El cierre con Polonia entregó además otra energía, porque había aparecido el juego. Haber terminado primeros, algo que se pensaba difícil después de la derrota con Arabia Saudita, abrió el camino. La noche siguiente al último partido de la primera fase hubo asado en la Universidad de Qatar. Eso era lo programado. La AFA se había encargado de que hubiera parrillas en el lugar, fue parte del acuerdo. El viaje para el sorteo, en abril de 2022, sirvió para que Tapia y Scaloni visitaran el complejo. También fueron el gerente de selecciones nacionales, Omar Souto, su hijo utilero, Juan Cruz, los administrativos Ariel Cabrera y Alberto Pernas, y el encargado de prensa, Nicolás Novello. Se definió ahí toda la logística para la remodelación, con más televisores, con camas grandes, con un espacio de comedor para cien personas, así los jugadores podrían recibir a sus familias. Además de otras comodidades bajo una idea: que fuera como en Ezeiza, que no tuvieran que trasladarse desde el alojamiento al centro de entrenamiento.

En diez días, Fuegos JL armó un Floki —un asador para doscientos cincuenta kilos— y cuatro parrillas. Los asados se programaron para la noche siguiente a cada partido. Ese día posterior, además, los jugadores podían salir a pasear con sus familias por la ciudad. Podían irse a las dos de la tarde y regresar a la hora de la cena, a las 21 h como tope. La caída con Arabia Saudita fue la única que modificó los planes. Las familias fueron a visitar a los jugadores al predio. Pero la tristeza de esas horas tapaba las ganas de cualquier tipo de esparcimiento. En lo único que se pensaba era en sacar adelante el Mundial.

La victoria con México modificó el ánimo y después de Polonia todo terminó de cambiar, el alivio de haber superado dos partidos que se habían considerado finales permitió el relax familiar. A Messi no, Messi no salía. Era el único que dormía solo y fue el único que pasó cada día en la Universidad de Qatar. Prefirió la paz que le daba ese refugio, pasar algunas horas ahí con su familia y seguir enfocado en lo que había ido a hacer, ganar el Mundial, acaso su última oportunidad.

El grupo excedía a los jugadores, incluía además a los utileros Mario De Stéfano, al que todos llaman Marito, Nicolás Pérez y Juan Cruz Souto. Su padre, Omar Souto, fue el encargado de buscar en la guía telefónica el número de la familia de «Leonardo Messi». Fue el que lo encontró, cuando Julio Grondona era presidente de la AFA, José Pekerman, entrenador de la mayor y Hugo Tocalli, técnico de las juveniles. Desde entonces Messi tiene mucha complicidad con él. Y los jugadores la tienen con el resto. La banda de los mates por la mañana estaba ahí, entre los utileros y los futbolistas. Para Messi es la familia de los días con la selección. Messi no conoció otro utilero con la Argentina que no haya sido Marito, la cercanía es absoluta.

Todos ellos formaban también la mesa de los asados, que antes de Australia se disfrutó como no había pasado antes. No era subestimación al rival, pero había mucha confianza en que era un partido que se ganaba.

El estadio fue el Ahmad Bin Ali en el municipio de Al Rayyan. Lo que pasó fue lo que podía esperarse, un ejército de australianos superpoblando su propio campo, tapándole todas las entradas a la Argentina. Dos líneas de cuatro moviéndose en bloque. La selección, con la pelota en su poder, tardó los primeros tres minutos y medio en generar una grieta para pisar el área. Pareció una eternidad. Lo hizo con Papu Gómez sobre la izquierda, el cambio más significativo de Scaloni para ese partido. El resto se mantuvo igual, aunque cada encuentro sería distinto, tendría sus detalles.

Messi abrió el cerrojo australiano a lo Messi. Tiró un centro desde la derecha, le volvió la pelota alta, la durmió y encaró hacia el medio para, esa vez sí, perforar la defensa. Armó la pared con Alexis, aunque la devolución le quedó a Otamendi, que en el control le dio un pase corto a un Messi que de zurda desbloqueó el partido.

La Argentina siempre tuvo a mano esos recursos. Puede tener la pelota y llevarla de un lado al otro con paciencia, puede acelerar y romper el juego con alguna gambeta o alguna pared, puede ser rápida en el contragolpe, las transiciones, puede darle la pelota al rival para que se le generen espacios y ser vertical cuando quiere ser vertical. Y puede tener caos después del orden, sabe que necesita revolver la cancha en algún momento para llegar al gol. Eso lo da una gambeta, un pase más vertical, un pase de riesgo. Messi asegura siempre alguno de esos toques, pero también Alexis y Enzo, y cuando está Di María hay desborde. Y la Argentina sabe presionar bien arriba, como en el segundo gol, cuando De Paul fue a apurar sobre la salida australiana, incomodó al defensor, Julián Álvarez primereó al arquero y en dos toques la mandó adentro del arco.

Lo que había empezado como un partido incómodo, solo abierto por una excursión genial de Messi, se hizo ahí más disfrutable. El gol de Julián entregó la tranquilidad necesaria para que el equipo pudiera lucirse más que sufrir, que lo que siguiera fuera una exhibición. Algo de eso hubo con Messi, que esa noche jugó su partido mil, que ya había anotado su gol 789, el primero en una instancia de finales, su noveno en una Copa del Mundo. Lo había pasado a Maradona, iba por Batistuta. Pero su noche más mundialista hasta ese momento, a los treinta y cinco años, fue más que el gol. Fueron las gambetas, los encares, los pases. Esos minutos que siguieron al gol de Julián fueron para que las tribunas del Ahmad Bin Ali le dedicaran su pleitesía: «Meeessi, Meeessi, Meeessi». El estadio rendido ante el superhéroe. La noche se moría en Al Rayyan, en los suburbios de Doha.

Scaloni ya tenía en la cancha una línea de cinco, los tres centrales. Lisandro Martínez se había sumado a Otamendi y Cuti Romero. Un rato después de su gol, saldría Julián por Lautaro y saldría Marcos Acuña por Tagliafico. Ovación para todos, era una fiesta. Hasta que cinco minutos después, en un avance australiano que no tendría que haber traído problemas, Otamendi dio un rebote extraño, la pelota le había quedado alta y la paró con la izquierda, como pudo, pero quedó corta. Craig Goodwin, en su ley, le pegó a cualquier lado, se iba lejos, pero en el camino el disparo dio en Enzo y se le metió a Dibu Martínez.

El gol australiano inició el camino de los nervios. Un rato después, Aziz Behich la *maradoneó* un rato, entró al área gambeteando, y Lisandro tuvo que salvar la situación. Fue el primer aviso de que el asunto podía terminar mal. Todo pegaba en el fleje del suplementario, aunque Messi siguió en la suya, sin que se la pudieran sacar cuando la tenía. El polaco Szymon Marciniak agregó siete minutos. Messi intentó primero una individual, que luego derivó en una pared con Lautaro. Pero a los 6 minutos y 25 segundos del tiempo de descuento, cuando faltaban segundos, Messi perdió una pelota en la salida y después de un centro apareció un nombre que pudo habernos significado una fatalidad por mucho tiempo: Garang Kuol, el 21 de Australia, que había entrado en el segundo tiempo. El dato hasta ese momento era que con dieciocho años y setenta y nueve días era el jugador más joven en instancias eliminatorias de un Mundial desde Pelé, que cuando lo hizo en Suecia 1958 tenía diecisiete años y doscientos cuarenta y nueve días. Kuol nació en Egipto, el país al que se exiliaron sus padres escapando de la guerra civil de Sudán del Sur, y se nacionalizó australiano. En la última pelota del partido la bajó en el área, dio una media vuelta, le ganó a Tagliafico y se puso de frente a Dibu Martínez.

Fue el punto más angustiante de todo el Mundial hasta entonces, pero Dibu abrió los brazos en forma de cruz, le salió a achicar, y cuando Koul sacó el derechazo ya estaba encima de él y lo frenó con lo que sería su bíceps izquierdo. La pelota dio un pique y Dibu la embolsó para no soltarla, para quedarse en el piso, boca abajo. Otamendi también se tiró arriba suyo, abrazado a sus espaldas, y después se tiró Enzo. Fue desahogo, amor y agradecimiento. Lisandro se desplomó en el área chica y Cuti pasó por ahí y le pegó una patada a Dibu, su forma de dar cariño. No tendría que haber pasado nada de eso, pero pasó. Un partido que no tuvo por qué tener complicaciones, las tuvo. Siempre puede haber algo inesperado.

Cuando el partido terminó, cuando la Argentina ya estaba en los cuartos de final, unos segundos después de la angustia, Martín Tocalli, el entrenador de arqueros de la selección, salió disparado a abrazar a Dibu. «Tenía que tener una de estas, una de estas le tenía que tocar», gritaba. Tocalli sabía lo que el jugador necesitaba. Fue algo que el arquero hablaba con él y también con David Prietsley, el psicólogo británico que había conocido mientras jugaba en el Arsenal.

«Venir de un invicto de casi veinte partidos y en mi primer Mundial recibir dos macetazos en dos tiros al arco, con suerte o sin suerte, con buena definición o como quieras llamarlo, para mí fueron dos tiros, dos goles —le dijo Dibu al periodista Juan Pablo Varsky después del partido con México—. Me dolieron muchísimo, no pude dormir por uno o dos días y tuve obviamente muchas sesiones con mi psicólogo para hoy estar en mente fría. Yo creo que después de Colombia, que a los tres días jugaba una final con Brasil, hoy lo usé más que nunca».

Los golpes habían sido frente a Arabia Saudita. A Dibu lo perturbaba el hecho de no haber podido sacar esas pelotas. No había tenido otras. No hubo goles contra México, tampoco contra Polonia, pero los arqueros se forjan también en su propia seguridad, que es la que también les dan a sus equipos. Después de Arabia Saudita no había tenido ninguna atajada para redimirse, para sacarse de encima la imagen de que los dos disparos que había recibido le habían entrado al arco.

Desde que se conocieron en Inglaterra, su psicólogo siempre lo ayudó en el tránsito de su carrera. La historia de Dibu es la de un sujeto persistente para el que nada resultó sencillo. Damián Emiliano Martínez nació en Mar del Plata. Beto, su papá, fletero. Susana, su mamá, empleada doméstica. Llegó a las inferiores de Independiente cuando entraba a la adolescencia, después de varios intentos en otros clubes. Se instaló en la pensión del club y en el camino se le cruzó Miguel Ángel «Pepé» Santoro, una leyenda del Rojo y además formador de arqueros. Él fue quien cuatro años después lo acompañó a Londres por una propuesta del Arsenal. Dibu tenía diecisiete años. Para entonces, ya se había acostumbrado a viajar desde Villa Domínico, en la provincia de Buenos Aires, hasta Mar del Plata, su ciudad, a más de cuatrocientos kilómetros, para visitar a sus padres los fines de semana en los que no había partido. Inglaterra sería otra cosa, otro país, otras costumbres, otro idioma, pero durante diez días Pepé le insistió en que era su gran oportunidad.

Dibu, que en 2009 había jugado en el Sudamericano de Chile sub-17 con la Argentina, donde lo habían visto los ojeadores del Arsenal, creció como arquero en la reserva del club inglés, pero tuvo que buscarse lugares en otros equipos.

Se fue al Oxford United, a la cuarta división, y volvió al Arsenal. Pasó por el Sheffield, en la segunda categoría, y volvió al Arsenal. Se fue al Wolverhampton y al Rotherham, y volvió al Arsenal. Dibu siempre lo intentó. Le llegó una chance del Getafe de España pero volvió al Arsenal y luego se fue al Reading. Cuando volvió otra vez al Arsenal, se lesionó el alemán Bernd Leno, arquero titular. Tuvo algunos partidos, ganó la final de FA Cup contra el Chelsea y ganó la Community Shield contra el Liverpool. Fue por esos días que conoció a su psicólogo. Pero al mes siguiente se marchó al Aston Villa, que pagó más de veinte millones de dólares por él.

Su nombre durante ese tiempo aparecía solo de vez en cuando en el radar mediático de la Argentina. La primera convocatoria de Dibu a la selección había sido en 2011 para un amistoso contra Nigeria en Abuya que terminó con una derrota por 4-1. Le ayudó, entonces, tener la vacunación completa y la visa para ingresar al país. El técnico era Sergio Batista. Scaloni reactivó el vínculo del arquero con la selección para los partidos con Ecuador y Alemania en octubre de 2019. Dibu tenía veintisiete años. Fue el arranque, el comienzo de todo, el de una historia que siguió en eliminatorias. Un año después, cuando ya jugaba en Aston Villa, Dibu entró en la lista para los partidos con Ecuador en la Bombonera (1-0) y luego contra Bolivia en La Paz (2-1).

Recién se reactivaba el fútbol, suspendido por el COVID-19. El arco le pertenecía a Franco Armani hasta ese momento. En noviembre de 2020 habría dos partidos más, con Paraguay (1-1) y Perú (2-0), a los que también viajaría Dibu para mirarlos desde el banco de suplentes. El giro de su guion ocurriría en mayo de 2021, cuando Armani dio positivo de COVID. Fue la ocasión en la que River tuvo que jugar diezmado, sin supletes y con Enzo Pérez de arquero contra Independiente Santa Fe por Copa Libertadores. River ganó 2-1, pero, más allá de la épica, el brote perjudicó a Armani.

En junio, la Argentina tenía la doble fecha de eliminatorias antes de que comenzara la Copa América que se terminó por disputar en Brasil debido a la crisis sanitaria en el país y al conflicto social en Colombia. Primero fue Chile (1-1) en Santiago del Estero. Como Armani daba positivo, atajó Dibu. Unos días después, hubo que viajar a Colombia. El arquero de River explicaba que se sentía bien, ya habían pasado varias semanas desde el primer test, pero los hisopados le daban positivo. Armani pudo jugar para River frente a Fluminense por no tener síntomas, pero no podía viajar por eliminatorias. La AFA lo testeó todos los días: siempre positivo. Eran trazas del virus que en algunas personas podían permanecer hasta sesenta días.

Armani no pudo ir a Colombia. El arquero fue otra vez Dibu Martínez, que esa noche en Barranquilla sufrió un golpe de Yerry Mina cuando fue a descolgar una pelota en el área chica. La Argentina ganaba 2-0 y Dibu, que cayó mal en el choque, tuvo que salir en camilla y con cuello ortopédico. En su lugar entró Agustín Marchesín. Dibu había perdido el conocimiento. Lo recuperó enseguida, habló incluso con su familia y luego con la prensa, pero su dolor también consistía en pensar que, más allá de que había tenido buenos momentos, quizá se le pasaba la oportunidad de ser el titular. Era su segundo partido. Al final fue empate, 2-2, en el cuarto minuto de tiempo de descuento, un gol de Miguel Borja después de un error de Juan Foyth, que perdió la pelota en el inicio de la jugada y luego no llegó a tomar al delantero en el centro. Es probable que esa foto lo haya dejado afuera a Foyth de la Copa América.

Armani, que seguía con los tests positivos, finalmente dio negativo antes del debut con Chile. Pero Scaloni ya tenía decidido que el titular sería Dibu. Algo que se repetía entre el cuerpo técnico era que Armani no había perdido el puesto, no había cometido ningún error para salir del arco, pero Dibu se lo había ganado. Hacía tiempo que pensaban en él para empezar los partidos, solo había que esperar el momento. Si bien tuvo su oportunidad por una casualidad, tenía mérito propio. En el debut, 1-1 con Chile en Río de Janeiro, hizo (casi) la primera suya: le tapó un penal a Arturo Vidal, aunque el rebote lo agarró Eduardo Vargas.

Su noche para la posteridad fue contra Colombia en Brasilia, semifinales, serie de penales. Fue su *show* y su transformación a *sticker* de WhatsApp. Esa vez volvió a tener a Yerry Mina enfrente después del golpe en el partido por eliminatorias. «Mirá que te como, hermano; mirá que te como», se escuchó en el silencio de un estadio vacío debido a los protocolos sanitarios. Sacó tres penales, a Mina, a Davidson Sánchez y a Edwin Cardona, pero lo que dejó hablando al fútbol fue su *trash talk*, su baile sexual y lo que ya empezaba a verse como un trabajo psicológico para afrontar los partidos. Exarqueros, analistas, sociólogos, medios internacionales, entrenadores, otros psicólogos respondían acerca de si se trataba de actos antideportivos o solo una forma de darse seguridad. Lo acusaron de sexismo y machismo. «Yo no le falté el respeto a nadie», decía Dibu. «Fue lo que salió en el momento —contó en una

ARGENTINA 🇦🇷 - 🇫🇷 FRANCIA | Estadio Lusail, 18 de diciembre.
Los Lioneles (Scaloni y Messi) más Walter Samuel en el abrazo que Argentina esperó años y años: campeones del mundo.

© Catherine Ivill/Getty

© Pool/Getty

ARGENTINA - ARABIA SAUDITA | Estadio Lusail, 22 de noviembre.
Un comienzo en el que la Scaloneta fue de la esperanza a la decepción: 1-2 contra Arabia Saudita en un partido opaco.

ARGENTINA - ARABIA SAUDITA | Estadio Lusail, 22 de noviembre.
Después de los lamentos, una frase del capitán quedó como mantra: «Que la gente confíe: no los vamos a dejar tirados».

ARGENTINA - MÉXICO | Estadio Lusail, 26 de noviembre.
Scaloni cambia y aparece un nombre que habría de quedarse: Enzo Fernández se fabrica un tubo desde su botín derecho hasta el ángulo de Memo Ochoa.

ARGENTINA - POLONIA | Estadio 974, 30 de noviembre.
Alexis Mac Allister y Julián Álvarez (otros dos que se metieron para quedarse) llevan el duelo Messi-Lewandowski a aguas jurisdiccionales argentinas.

ARGENTINA - AUSTRALIA | Estadio Ahmad Bin Ali, 3 de diciembre.
Un once parecido pero diferente para un partido físico, complicado y hasta con algo de sufrimiento.

ARGENTINA - AUSTRALIA | Estadio Ahmad Bin Ali, 3 de diciembre.
Sigue consolidándose el niño volador Julián, que fabrica junto a Rodrigo De Paul un gol a pura presión. ¿Y el capitán? Termina tirado en el césped y feliz.

ARGENTINA 🇦🇷 - 🇳🇱 PAÍSES BAJOS | Estadio Lusail, 9 de diciembre.
De la contundencia y el dominio a la desesperación: hubo que pasar a semis con alargue, penales y una dosis de Dibu.

© Elsa/Getty

ARGENTINA 🇦🇷 - 🇳🇱 PAÍSES BAJOS | Estadio Lusail, 9 de diciembre.
Messi en su noche más «maradoniana»: Topo Gigio, «Andá pallá, bobo» y quejas sobre el árbitro. Más capitán que nunca.

ARGENTINA - CROACIA | Estadio Lusail, 13 de diciembre.
El martes 13 no corrió ni para Argentina, que jugó un partido perfecto, ni mucho menos para Julián, con una arremetida que nos dejó en la final.

ARGENTINA - CROACIA | Estadio Lusail, 13 de diciembre.
El momento mágico del capitán frente al enmascarado Gvardiol, el menos mágico del asomo de molestia y el festejo desatado: finalistas.

ARGENTINA - FRANCIA | Estadio Lusail, 18 de diciembre.
Una revancha tan esperada como la de Messi: Ángel Di María jugando la final de un Mundial y anotando un gol soñado.

© Dan Mullan/Getty

© Richard Heathcote/Getty

© Julian Finney/Getty

ARGENTINA 🇦🇷 - 🇫🇷 FRANCIA | Estadio Lusail, 18 de diciembre.
Otra tarde de pocos minutos de nubarrones que nos hicieron tambalear: un Mbappé temible para un cuento que terminó maravillosamente.

ARGENTINA - FRANCIA | Estadio Lusail, 18 de diciembre.
Siempre Dibu: *mind games*, personalidad y técnica: entre el exceso y la maravilla, el arquero se convirtió en héroe (una vez más).

© Maddie Meyer - FIFA/Getty

© David Ramos - FIFA/Getty

ARGENTINA - FRANCIA | Estadio Lusail, 18 de diciembre.
Hora de la máxima felicidad, de lágrimas, de gritos, de correr hacia donde haya un corazón argentino para pegarle el abrazo del alma.

ARGENTINA - FRANCIA | Estadio Lusail, 18 de diciembre.
La foto que se explica sola, la foto que esperábamos, la foto que un guionista con varios premios Oscar no podría haber tramado mejor.

entrevista con DirecTV Sports—, porque sentí un poco de timidez del rival, y lo usé para llevar a mi país a una final».

Dibu fue la estrella de los memes de la selección. De ahí en más ya nadie desconocía quién era. Hacía cuatro días que había vuelto a ser padre sin poder conocer a Ava, su segunda hija. Esas fueron las crónicas que regaron las webs en esos días, pero no sabíamos todavía que en la arenga previa a la final con Brasil, Messi lo usaría como elemento motivador. También sería meme: «El Dibu fue papá y no pudo ver a la hija, no le pudo hacer "upa" todavía». Lo haría campeón.

A medida que pasaron los partidos demostró, además, que no era solo un arquero de penales, que aparecía cuando hacía falta. Y que había un compromiso. Con Emiliano Buendía, también del Aston Villa, y Cuti Romero y Lo Celso, del Tottenham, Dibu fue uno de los jugadores que desoyó la prohibición de la Premier League para viajar a disputar las eliminatorias sudamericanas a fines de agosto de 2021. Fue la doble fecha que incluyó el partido frente a Brasil en San Pablo suspendido con escándalo por la autoridad sanitaria debido a la presencia de esos cuatro jugadores.

En todo ese camino también pensó Martín Tocalli cuando corrió gritando que era la que tenía que tener contra Australia. Nuevamente apareció ahí la figura del arquero que te salva un partido. Dibu fue nuevamente viralizado en redes sociales, celebrado por hablar de las sesiones con su psicólogo, una forma de abrirse que no tienen tantos futbolistas. La repetición de su tapada frente al australiano Koul levantaba las pulsaciones de los hinchas, era como repetir el horror que se había vivido en la cancha. Pero ahora estaba la euforia de la clasificación a los cuartos de final.

Solo un argentino se ponía por esas horas afuera de esa euforia. Era Scaloni. Mientras Messi y los jugadores no paraban de saltar y festejar, el entrenador hablaba con la prensa en el campo de juego y remarcaba que la Argentina no había jugado bien unos diez o quince minutos de un partido que fue más ajustado de lo que se creía. Respondía seco y corto, como si no estuviera contento por lo que había pasado. Hablaba de que había que cerrar los partidos, rescataba la aparición de Dibu y la clasificación, pero se lo notaba medido. Todo eso fue un rato después de que terminara. Porque, apenas el árbitro polaco marcó el final del encuentro, Scaloni caminó sin mirar a nadie hacia el túnel y se metió en el vestuario. Estuvo unos minutos ahí, quizá dos, quizá cuatro, y luego volvió a salir.

Pero eso lo sabríamos luego, no tenía que ver con lo que había pasado en la cancha. Es una práctica habitual del técnico, una rutina. Entrar al vestuario al final, quedarse unos minutos, quizá bajar un poco, y luego volver al campo. Rutina, cábala, una costumbre; había otras más en Qatar que se revelarían con el tiempo, con cada partido que pasaba.

# 9.

—Te pido que seas sincero, ¿cómo estás? —preguntó Scaloni mirándolo a los ojos a De Paul.

—Me molesta, pero puedo jugar igual —respondió el futbolista.

—Listo, jugás.

Era el mediodía del viernes 9 de diciembre de 2022 en la Universidad de Qatar. Esa noche la Argentina tenía que enfrentar a Países Bajos por los cuartos de final del Mundial. Scaloni necesitó de unas palabras breves, apenas una confirmación, para resolver un dilema que lo había tenido preocupado las horas anteriores.

Tres días antes del partido contra Países Bajos hubo un entrenamiento abierto a la prensa durante los primeros quince minutos. Fue un martes. Se trataba de una práctica habitual en la relación con los periodistas. Durante ese tiempo se podía ver a los jugadores, tomar imágenes, otear cómo estaba cada uno y luego se cerraba el predio para que nadie pudiera saber en qué se estaba trabajando. El día del partido se acercaba. Durante ese cuarto de hora lo que se pudo observar fue que De Paul se había entrenado sin problemas. La información que se entregó desde la AFA fue en el mismo sentido, que el jugador, como el resto, había jugado al fútbol, que todo había estado bien.

El foco no estuvo puesto en De Paul por esas horas, sino en Di María, que había salido con molestias del partido frente a Australia y en esa práctica hizo kinesiología. Su lugar en el partido con Países Bajos estuvo en duda desde ese momento. Pero con De Paul no las había y además había participado en el entrenamiento con el resto de los jugadores. Pero al día siguiente, el miércoles, una información comenzó a circular entre los periodistas que cubrían cotidianamente a la selección: Dc Paul había sentido un pinchazo en el muslo de la pierna derecha pegándole a una pelota sobre el final de la práctica, es decir, cuando ya estaba cerrada para la prensa. Había sido un remate, sacó un latigazo y sintió la molestia.

Fue la primera alarma sobre el volante, un jugador que solo se había perdido cinco partidos con Scaloni como técnico y dos de esos cinco la

Argentina los había perdido. En la práctica del miércoles, a la que no se pudo tener acceso, hubo más. La fuente que la reconstruyó comenzó a dar el equipo que había parado Scaloni. Cuando dio el medio, algo fue extraño.

—Enzo Fernández, Paredes y Alexis Mac Allister…

—No, ¿cómo? De Paul, Enzo y Alexis, es un error.

—No, De Paul no se entrenó, se lesionó.

Ahí comenzó una búsqueda de información que ratificara lo que se conocía en *off the record* y que diera detalles sobre la gravedad de la lesión. De Paul había tenido un gran partido contra Australia, fue de los que había entendido cómo se vencía el bloque defensivo del equipo amarillo. Pero además venía en crecimiento después de un arranque con Arabia Saudita en el que se le habían contado muchas pérdidas de pelota. Sin embargo, nunca estuvo en discusión para el cuerpo técnico, que siempre le valoró el despliegue, su rol de motor en el mediocampo, vital en los trabajos de defensa y nexo en cada ataque. Hasta ahí, nunca había salido, había jugado todos los minutos de los cuatro partidos.

Las variantes de esas horas fueron que De Paul estaba desgarrado, que De Paul no estaba desgarrado, que De Paul tenía algunas molestias pero que estaba bien, que había que esperar los estudios. Después de la práctica del miércoles en la que no se había entrenado con el resto del equipo, De Paul hizo un posteo en Instagram con la pelota, en una acción de entrenamiento. «TODO ESTÁ BIEN —escribió—. Seguimos trabajando y preparando los últimos detalles para una nueva final!!! VAMOS SELECCIÓN, TODOS JUNTOS.»

Fue de esos momentos mundialistas cuya verdad se conocería con el tiempo, cuando todo pasara, pero que en los días previos al partido con Países Bajos se convertiría en un enigma. Lo que se contaría días después, todavía con los ecos del calor del Mundial, sería que De Paul había tenido un microdesgarro en el muslo de la pierna derecha. El jugador intentó tranquilizar con su posteo en Instagram y lo mismo hizo cuando habló con su madre, Mónica, a la que le dijo que estaba bien. El cuerpo técnico, atento a no mostrarle todas las cartas al holandés Louis van Gaal, no quería que la lesión se filtrara. Como eso ya había ocurrido, la situación los enojaba y enojaba, sobre todo, a Scaloni, que seguía lo que se decía en las redes sociales. Eso era lo que leían los holandeses, eso era lo que le llegaba a Van Gaal.

Pero el plan para confundir continuó. Todavía quedaba un entrenamiento, el del jueves, día previo al partido, y era abierto a las cámaras. No solo las de la prensa, también las de FIFA. Si De Paul no participaba de la práctica se sabría para todo el mundo. Así, según se contaría luego de manera todavía sigilosa, se decidió que al jugador se le anestesiara la zona y saliera al campo junto al resto de sus compañeros. Lo hizo además con una venda que le cubrió la zona con el muslo ya dormido por la inyección. Cuando los periodistas lo vieron, cuando lo filmaron, la noticia fue que De Paul se entrenaba con normalidad, igual que el resto del equipo. La venda era visible en la pierna derecha, desde la rodilla hasta el glúteo. Se notaba que De Paul no hacía grandes movimientos. Se movía lento, sin exigirse demasiado, pero ahí estaba, lo que ayudaba a desmentir la gravedad de la lesión. Cuando las cámaras se fueron, dejó el entrenamiento.

Unas horas antes, en uno de los salones del Centro Nacional de Convenciones de Qatar, desde donde transmitía toda la televisión internacional, lo que en inglés se llama International Broadcast Centre (IBC), Scaloni había dado su conferencia de prensa habitual previa a los partidos. La segunda pregunta fue sobre De Paul y Di María.

—En principio, el entrenamiento de ayer fue a puerta cerrada. Entonces, no sé por quién preguntan… cómo saben que Rodrigo… que pasa algo con él. Es muy extraño y con esto ya saben qué quiero decir —respondió, poniendo énfasis en la palabra «extraño».

Scaloni dijo que De Paul y Di María estaban bien. Y que había jugadores que a veces no se entrenan por precaución. La filtración le molestó, le enojaba que alguien del entorno de la selección contara lo que pasaba adentro de la Universidad de Qatar. Fue explícito cuando un rato después paró para hablar frente a las cámaras de los canales con derechos, TyC Sports, DirecTV Sports y TV Pública.

—Te quiero preguntar cómo está Rodrigo De Paul, algo has hablado en conferencia pero quizá podés dar algún detalle si va a estar en condiciones como para jugar mañana —le preguntó el periodista Federico Rodas.

—¿Pero por qué lo preguntás?

—Porque se hizo unos estudios y no terminó el entrenamiento.

—Si vos me decís quién te lo dijo, te cuento la situación de Rodrigo.

—No, no te voy a decir quién me lo dijo.

—El entrenamiento fue a puertas cerradas ayer, muchachos.

—¿Te enoja, Lionel, eso? —preguntó la periodista Sofía Martínez.

—No me enoja, el entrenamiento fue a puertas cerradas —insistió Scaloni

—No, digo, esta información que surja sobre el físico de Rodrigo De Paul —insistió Sofía.

—Es que no sé si jugamos para Argentina o para Holanda. Fue a puertas cerradas el entrenamiento, no nos interesan las informaciones que salgan cuando no hay prensa. Eso es algo que tenemos que aprender y mejorar todos, el entorno de Argentina y la selección.

Aunque lo primero que se entendió fue que se había enojado con los periodistas, no era así. El mismo Scaloni se encargó de aclararlo: que entendía el rol de la prensa, de hecho hablaba sin problemas, pero no respondía sobre nada que no hubiera estado a la vista. Le molestaba que desde adentro se filtrara información que además consideraba sensible. Era algo que le preocupaba y que no terminaba de resolver. Dos años antes había tenido una charla con Marcelo Gallardo en la que una de sus preguntas fue cómo hacía con el manejo de la información. Gallardo le dijo algo que recordaría durante el Mundial, que no les diera el equipo a los jugadores hasta el último momento. Contra Arabia Saudita y México, les dio la formación un día antes. Y entonces un día antes la prensa ya tenía a los once. De Polonia en adelante todo cambió, aplicó el consejo de Gallardo y comenzó a dar el equipo durante la charla previa que tenían en la Universidad de Qatar, antes de subirse al micro, a una hora y media del partido.

De Paul quería hacer todo lo posible para estar contra Países Bajos. Días después del Mundial, su pareja Tini Stoessel reveló los diálogos que tuvo por esas horas con De Paul. «¿Qué hago? ¿Juego o no juego?», se preguntaba el jugador, que la llamaba con la angustia de ese momento de incertidumbre.

La molestia se mantuvo pero podía infiltrarse para jugar. El viernes al mediodía, antes del partido, ocurrió el diálogo con Scaloni, que, aunque manejaba la alternativa de poner a Paredes, decidió incluirlo entre los titulares. Otra vez el vendaje y una inyección para adormecer la zona. Fue una excepción de un entrenador que repetía como su máxima la de que no jugaría ningún futbolista que no estuviera al 100 % en condiciones. Pero mostró una vez más la importancia que tenía De Paul para el equipo. También el riesgo que el propio jugador asumió, sabiendo que podía empeorar el desgarro.

Mientras todo eso ocurría, se cocinaba a fuego lento un partido y los jugadores leían en sus teléfonos los dichos de Van Gaal. Primero recordó lo que había pasado en la semifinal de Brasil 2014.

«Messi no tocó una pelota —dijo— y perdimos en los penales. Ahora queremos nuestra revancha.» También respondió a lo que había comentado Di María sobre él, que lo había dirigido en Manchester United. «Lamento mucho que Ángel dijera una vez que soy el peor entrenador que ha tenido —Van Gaal—. Cuando jugaba conmigo tenía problemas en su vida privada. Entraron a su casa y eso también afectó su juego. Es uno de los pocos jugadores que ha dicho eso y lo siento mucho. Es una pena. Un entrenador tiene que tomar decisiones que no siempre son buenas».

Pero lo que más se repitió en la Universidad de Qatar fueron otras dos frases del entrenador rival. Una de ellas: «Si vamos a los penales, esta vez tendremos ventaja». La otra: «Messi no participa mucho en el juego cuando el rival tiene la posesión. Ahí está nuestra oportunidad». Van Gaal encendió la mecha de los jugadores argentinos, que se iban mostrando entre ellos lo que había dicho el DT. Dibu Martínez sacó captura de pantalla y le mandó lo que había dicho Van Gaal a su psicólogo. También se la envió a Martín Tocalli, el entrenador de arqueros. «Prendió la dinamita», diría después. Entre los jugadores se daban manija. «Están boqueando mucho», decían. Messi también lo tomó como una provocación. Algo iba a responder, pero en la cancha. «Les voy a clavar dos», les decía a sus compañeros.

Para jugar con Países Bajos Scaloni eligió línea de cinco por primera vez desde el arranque. Sin Di María, a la cancha fue Lisandro Martínez. Tres centrales, laterales bien abiertos y con apertura para llegar a posición de ataque. De Paul, adentro, infiltrado y con vendaje. El entrenador se lo contó, como ya era su costumbre, antes de subirse al micro. En ese camino, Brasil y Croacia fueron al alargue. Todos estaban atentos porque eran los posibles rivales en caso de pasar a Países Bajos. Habían empatado cero a cero en los 90 minutos y Neymar había puesto en ventaja a Brasil con un golazo en el descuento de la primera parte extra. Pero mientras bajaban del micro, ya en Lusail, Bruno Petković, con un desvío en Marquinhos, mandó todo a los penales. «¡1-1!», gritó Di María mirando su teléfono. Lisandro Martínez volvió sobre sus pasos para chequear. Las cámaras los tomaron en ese momento. Por atrás venía Paredes, que también miraba su teléfono. Di María se dio vuelta y se lo avisó a Messi.

Hubo sonrisas porque el camino hacia la Copa les podía deparar una semifinal de clásico sudamericano, lo que siempre supone otro desgaste. Ya en el vestuario del Lusail, los jugadores argentinos siguieron los penales. Cuando Mislav Oršić hizo el cuarto para los croatas, todo quedó en los pies de Marquinhos o en las manos de Dominik Livaković, que ya le había atajado el primero a Rodrygo y que en los octavos había sido héroe en la serie de penales contra Japón. Apenas Marquinhos estrelló la pelota en el poste, los gritos explotaron en el vestuario argentino. «¡Vamos, carajo, esto no se nos puede escapar, esto tiene que ser nuestro».

Ahí mismo se sintió que un camino se abría y no por temor a Brasil, al que le habían ganado la final de la Copa América, sino porque sabían que emocionalmente, más allá de lo futbolístico, podía ser un partido duro. Fue otro guiño más que sintieron los jugadores, como cuando en los octavos de final se les había cruzado Australia. Por eso en el vestuario argentino del Lusail gobernaron la felicidad, los cantitos, los gritos, otra vez el «Muchaaaachos». Con esa energía extra salieron al campo de juego, como envalentonados por la eliminación de Brasil, un plus de ánimo. Y además con lo que habían acumulado en los días previos. «Miren afuera, eh, miren afuera. Todo el partido van a estar cagados estos, eh, todo el partido», arengó Dibu Martínez en el pasillo, antes de salir a la cancha. Al lado, los jugadores de Países Bajos. «Nosotros hablamos siempre adentro de la cancha, eh, nunca afuera, siempre adentro», siguió el arquero.

Y adentro de la cancha fueron dos equipos espejados, también Van Gaal jugaba con línea de cinco. El partido se transformó en una toma de judo, dos formaciones sobre un tatami, ninguno se soltaba. Nathan Aké lo perseguía a Messi por donde fuera, con la ayuda de Frenkie de Jong en la tarea. El juego se hizo monótono. Pero la sistematización del fútbol que proponía el entrenador de Países Bajos se quebró con una fantasía de Messi, su pase a Molina.

Se iban los 33 minutos del partido cuando Molina le entregó la pelota a Messi en la zona del ocho. Messi inició su carrera amagándole a De Jong, dejándolo en el camino, y esperando el momento para que Molina entrara al área. Aké nunca supo qué hacer, Messi le escondió la pelota y nadie sabía tampoco qué iba a hacer él porque, al final, hizo lo que nadie esperaba, que es básicamente lo que siempre hace: engañar a todos. Y el fútbol es engaño. La pelota salió de la zurda de Messi como si fuera una liana hacia su compañero, fue un pase en escuadra perfecta, una fotografía que quedaría para siempre. Cualquier estructura, por más sostenida que estuviera, se derrumbaría ante semejante genialidad. Virgil Van Dijk nunca llegó a cerrar, Molina se la llevó con la izquierda y definió con un toque de derecha para terminar cayendo de espaldas.

A partir de ese momento, además del fútbol, en el Lusail comenzó a jugarse el partido de las palabras. Si Van Gaal había calentado el terreno con sus declaraciones previas, entraría en escena el árbitro español Antonio Mateu Lahoz con su repartija de tarjetas amarillas. Lo conocía a Messi y a otros jugadores de la Liga española. Había una historia de cuando Messi, jugando para el Barcelona, hizo el cuarto gol en una victoria ante el Osasuna. Después de celebrar con sus compañeros, Messi se sacó la camiseta azulgrana y mostró la de Newell's, la que tenía abajo y con la que estaba jugando. Era la 10 que había usado Maradona en el paso por el equipo rosarino, una reliquia que tenía en sus manos. Fue su homenaje días después de la muerte de Diego. Mateu Lahoz lo amonestó; a Messi no le importó. El árbitro también conocía a Scaloni de cuando el entrenador jugaba en el fútbol español. Incluso mantenían una buena relación. Scaloni contaría después que en su momento le había regalado una camiseta del Mallorca cuando arbitraba sus primeros partidos. Mateu Lahoz la conservaba en su casa.

Pero también hubo amarillas para Scaloni y para Samuel. Y empezaron a salir también para

Países Bajos. El tono del partido comenzó a ser otro. Edgar Davids, exjugador holandés y colaborador de Van Gaal, se carajeaba con el banco argentino, con los jugadores, y recibía lo mismo. Otamendi y Cuti Romero repartían puteadas y ponían el pecho, iban fuerte.

Sin embargo, fue un gesto de Messi en el segundo tiempo el que haría estallar de ira a los rivales y dejaría otra foto icónica del capitán. Después de una falta a Huevo Acuña por la izquierda, Mateu Lahoz cobró penal. Andries Noppert, el arquero de Países Bajos, intentó distraer a Messi antes de que pateara, se acercó, le habló, Messi lo ninguneó. Sin sacar la mirada de la pelota, le pateó al palo izquierdo, cruzándola, a media altura, y salió serio a gritar su gol con los ojos en la tribuna, con el abrazo de sus compañeros.

Ahora bien, lo que no se esperaba en el estadio era que al regreso del festejo Messi corriera hacia la zona del centro del campo, mirara al banco de suplentes de Países Bajos, a Van Gaal, pegara un salto y con los dos pies bien abiertos y apoyados sobre el césped, se pusiera las dos manos al costado de la cara a la manera de orejas y se quedara ahí un rato. El Topo Gigio nació en la televisión italiana como personaje infantil, un ratón de gomaespuma manejado por tres titiriteros. Su voz en los distintos idiomas era la del italiano Peppino Mazzullo. Messi tenía apenas un año cuando la marioneta volvió a la televisión argentina a fines de la década del 80. Pero Juan Román Riquelme ya era un niño a esa altura. Ambos nacieron el mismo día, un 24 de junio, pero Messi es de 1987 y Riquelme de 1978. Fue Riquelme el que resignificó al Topo Gigio cuando el 8 de abril de 2001, en un superclásico, pateó el penal para el segundo gol de Boca. Franco Costanzo se lo atajó, pero Riquelme tomó el rebote de cabeza y convirtió. Salió corriendo hacia el medio mientras les hacía señas a sus compañeros de que esperaran, se frenó mirando hacia el palco presidencial para hacer por primera vez en una cancha de fútbol el Topo Gigio. «A mi hija le gusta», diría después del partido, sonriendo con picardía. Pero lo que estaba detrás era una discusión con el entonces presidente del club, Mauricio Macri, por su contrato y por la transferencia al Barcelona que todavía no se había cerrado. Su creación quedaría para siempre. El gesto se convirtió con el tiempo en un símbolo de rebeldía.

El lazo con lo que ocurrió en el Lusail era curioso. Messi lo imitó frente a Van Gaal, el entrenador con el que finalmente Román se encontró en el Barcelona y con el que terminó mal. Van Gaal, que le había aclarado que no había sido pedido por él, sino que había sido una decisión de

Joan Gaspart, el presidente del equipo catalán, quería que Riquelme jugara de extremo. Para entrar en juego, Román se metía a la zona del cinco, rendía bien ahí, era el lugar donde sabía jugar, pero al técnico lo fastidiaba. «Usted es un desordenado», le dijo. Rebelde a la rigidez táctica del entrenador holandés, Román primero salió del equipo y luego se tuvo que ir al Villarreal.

Así que lo de Messi fue un rescate de Riquelme, un homenaje, pero también una venganza. Aunque él mismo no haya pensado en esa historia. Lo que le interesaba a Messi era darle un mensaje a Van Gaal: «Hablá ahora, te escucho». En el banco de la Argentina estaban todos sorprendidos, no podían creer lo que había hecho el capitán. Sabían que estaba enojado, pero no sabían cómo iba a gestionar ese enojo. Fue una versión particular de Messi, que no se vio antes y tampoco se volvió a ver en otro partido. Fue contra Van Gaal.

Mientras el Messi contestatario resultaba una novedad, la Argentina ganaba e iba tranquila hacia las semifinales del Mundial. Aunque en el físico se sentía. Unos minutos antes del gol ya había salido De Paul (por Paredes). Llegó a jugar más de sesenta minutos, por primera vez no pudo completar el partido, pero hizo el esfuerzo. Ahí estuvo, había cumplido la tarea. El GPS —esa especie de corpiño que llevan los futbolistas— le marcó menor recorrido que en encuentros anteriores, pero le dio bien en el pique, en la velocidad. «Pocos saben el esfuerzo que hice estos tres días para jugar», diría un rato después De Paul.

El festival de amarillas continuaba, serían diecisiete entre los de afuera y los de adentro, récord para un Mundial. Dibu sacó una pelota por encima de la cabeza de Luuk de Jong, que había ingresado unos minutos antes, y hubo un remolino de jugadores. El partido se había calentado por completo. Hablar el mismo idioma de Mateu Lahoz era una ventaja para las protestas de los argentinos, pero también los hacía cruzarse más. Entre todas esas agarradas, a los 78 minutos se produjo un episodio que cambiaría el rumbo de lo que ocurría en el campo de juego. Scaloni hizo dos cambios: mandó a Germán Pezzella por Cuti Romero y a Tagliafico por Acuña. Pero Van Gaal también movió: sacó a Memphis Depay y lo puso a Wout Weghorst, una torre de casi dos metros, para aprovechar lo que ya era el único recurso de Países Bajos ante una derrota que parecía inevitable: tirar centros al área argentina. Ya tenía, además, al otro De Jong con 1,88.

Fue así que en menos de cinco minutos llegó otro lanzamiento desde la derecha y Weghorst se le escapó a Lisandro, que no lo pudo tomar. Con ese espacio, el gigante de Países Bajos cabeceó para el 2-1. Fue un temblor para la Argentina. Todavía quedaban siete minutos y ahora lo que parecía inevitable ya no lo era tanto. Con la mandíbula floja, y con el equipo de Van Gaal en plan de agrande, la selección se dispuso a resistir. El partido era muy hablado, desde el banco de Países Bajos se gritaba hacia el campo. Paredes barrió una pelota y después otra contra Nathan Aké. Fue justo al costado del comando holandés. Aké voló y Paredes tiró un pelotazo hacia afuera apuntando a los suplentes y al cuerpo técnico, que ya se habían levantado a protestar. Una ola naranja salió disparada y otro revuelo se armó en el partido. Van Dijk fue directo a empujar a Paredes, que cayó al piso. Entre los empujones, a Molina le revolearon una lapicera, como logró captar el fotógrafo oficial de la selección, Gustavo Pagano. Mateu Lahoz sacó otra amarilla, a Paredes.

Todavía faltaba más. El árbitro español adicionó diez minutos. La decisión sacó de quicio a Messi. «La concha de tu hermana, la concha de tu hermana», le gritaba el diez. Había sido así durante todo el partido, un capítulo aparte. Pero recrudeció durante ese tiempo de descuento, en el que además Mateu Lahoz cobró una falta de Pezzella por llevarse puesto a Weghorst.

No quedaba nada, se cumplían los diez minutos que había dado Mateu Lahoz, que iba a agregar otro más. Países Bajos tenía un tiro libre cerca del área, su última oportunidad. Van Gaal ordenó que se ejecutara una jugada de su libreta. Era arriesgado pero sorprendería a la defensa argentina. Cody Gapko y Teun Koopmeiners se pararon frente a la pelota. Alexis Mac Allister, como previsión, hizo de cocodrilo: se acostó detrás de la barrera para evitar que el balón pasara por abajo. Fue Koopmeiners el que llevó a cabo el plan de Van Gaal, porque, en lugar de tirar un centro alto, la tocó al ras del piso, apenas hacia un costado, bien direccionada a Weghorst, que con un control y un disparo marcó el empate.

El partido se había derrumbado para la Argentina. «La concha de tu hermana», le gritaba Messi a Mateu Lahoz. Su enojo no era por el tiro libre, era por el tiempo de adición que había dado. El árbitro español le sacó amarilla. Y el partido se terminó. «¿Me explicás qué cobraste? ¿Me podés decir qué cobraste?», le preguntaba Scaloni, que entró furioso al campo de juego una vez que escuchó el pitazo final. En el banco argentino entendían que Weghorst primero le había cometido falta a Paredes en la jugada del final, que no era infracción de Pezzella. Messi seguía enojado por el tiempo.

Pero en Scaloni también había algo contra sí mismo. El entrenador suele ser autocrítico. Pezzella no había entrado bien, más allá de la falta. Había salido Cuti, que iba bien por arriba, y Países Bajos lo terminó empatando con sus centros a un gigante y luego con una jugada de laboratorio. Argentina, además, había cedido mucho la pelota después del gol de Messi. A Scaloni le preocupaba que el equipo no le pusiera llave a los partidos. Ya había dicho con Arabia Saudita que no le podían volver a hacer dos goles en quince minutos. En este caso fue en menos tiempo. Y venía de sufrir una situación parecida con Australia que salvó Dibu Martínez en la última jugada. Acá no hubo atajada salvadora. Había que ir al alargue contra un equipo que estaba envalentonado, eufórico por la hazaña de los últimos minutos.

La selección parecía fundida, no se sabía en el inicio del tiempo suplementario de dónde sacaría fuerzas. Antes del gol de Messi, cuando todavía el partido estaba 1-0, Scaloni y Aimar pensaron en Di María, que se movió durante un rato al costado del campo de juego. Samuel, incluso, se acercó para decirle que acelerara, que iba a entrar. Pero, una vez que Messi convirtió el penal, le pidieron a Fideo que se sentara en el banco. Habían recalculado. Di María venía de recuperarse, el partido se había puesto 2-0 y preferían guardarlo, reservarlo para lo que al menos hasta ese momento vendría, que era la semifinal con Croacia. Los cambios fueron en la defensa, Pezzella y Tagliafico. Di María todavía quedaba como posibilidad para el alargue y lo fue.

La postura de Países Bajos ayudó a la Argentina. Lo que pudo ser un equipo que fuera a dar el golpe definitivo, terminó en posición defensiva. Eso contribuyó a que la Argentina saliera a buscar el partido, a evitar los penales, algo a lo que no había querido llegar antes y tampoco quería ahora. Nunca fue un equipo que pensara en los penales. La selección dominó ese tiempo extra. Sobre todo en la segunda parte. Scaloni decidió arriesgar, sacó a Lisandro y lo mandó a la cancha a Fideo. Di María por derecha revitalizó al equipo, que jugó los que hasta ese momento serían su mejores minutos. Armó una jugada que siguió en Montiel (había ingresado por Molina) y terminó en Lautaro. Noppert sacó el remate del delantero argentino. Fue otra vez Di María el que se hizo cargo de un córner que tiró cerrado. Casi lo hizo olímpico, pero otra vez apareció Noppert. Se juntó un rato después con Messi, bien tirados a la derecha los dos. Messi se la dio a Enzo, que otra vez sacó a relucir su personalidad. Su derechazo desde afuera del área dio en el palo.

No fue posible: habría penales.

Se vio ahí al equipo emocional, como lo llamaría Jorge Valdano. Su corazón es lo que también hace salir lo mejor de su fútbol. Así como sufrió, la Argentina siempre tuvo algo más para ofrecer. Una definición por penales es un camino incierto. Para los futbolistas puede ser el descenso al infierno o una escalera al cielo. Es también una disputa mental con los arqueros. Dibu Martínez lo sabe. Hizo que la serie de penales fuera menos angustiante. Le sacó el primero a Van Dijk tirándose a su derecha. Entonces todo empezó bien. Dibu se levantó y empezó a agitar a la tribuna, los argentinos estaban a sus espaldas. Le siguió Messi, un toque con su zurda brillante, suave porque lo importante ya había pasado: Noppert se había tirado al otro lado. Eran los dos que iba a clavar, cumplió con lo que había dicho. De frente a la tribuna, con cara de gladiador, serio, levantó los brazos.

Dibu se encargó de sacar el segundo, se tiró a la izquierda, adonde la había tirado Steven Berghuis. Y metió bailecito en el área para festejar. Algunos lo criticaron. ¿Por qué un jugador de área puede celebrar su gol, su penal, incluso con la ventaja que siempre supone frente a los arqueros, y los arqueros no pueden celebrar el suyo? Dibu bailó y al rato Paredes confirmó la ventaja de 2-0 para la

Argentina. Una ventaja que se iba a mantener con Koopmeiners y con Montiel, pero se iba a achicar después de que Weghorst convirtiera y Enzo tirara afuera el suyo. Luuk de Jong empataría 3-3. Pero faltaba el último penal de los cinco para la Argentina. Lautaro, al que no le había salido una todavía, el que había perdido la titularidad, avanzó hacia el área, ese camino eterno. Scaloni había dicho unos días antes que los jugadores siempre patean penales, que siempre practican, pero que ni él piensa los partidos en función de los penales, que es algo que se resuelve en el momento, con la confianza que se tenga cada uno. Y que además podés practicar penales en los entrenamientos, en soledad, pero la cancha es otra cosa y una definición, otra instancia.

Lautaro cruzó el remate con su pierna derecha y la pelota pegó en la pared interna de la red. Lo gritó como lo merecía ese penal, el pasaje a las semifinales. A lo Toro, arrodillado, cerrando bien los puños. Y enseguida tuvo a la montaña de compañeros encima. Diría días después Lautaro que no había jugado el Mundial que se había propuesto. Seguía con su molestia en el tobillo y había perdido su lugar en el equipo. Atravesó días de tristeza, enojos con él mismo, pero mantuvo el empuje para sus compañeros. Como el resto, lo seguiría intentando.

Mientras todos corrieron hacia Lautaro, Messi activó el modo capitán. Solo él salió disparado desde la mitad de la cancha hacia Dibu Martínez, que estaba tirado boca abajo. Fue su reconocimiento. Leo había prometido dos goles y Dibu se había hecho captura de pantalla de lo que Van Gaal dijo acerca de los penales, que tendrían ventaja. Un rato después, los dos harían algo similar. Irían hacia el banco rival y le simularían una boca con los dedos al entrenador. Se la abrían y cerraban. «Una cosa que aprendí del fútbol es que se habla en la cancha. Hablaron muchas boludeces antes del partido y eso me dio energías», diría Dibu.

Messi se abrazó primero con todos. Hasta que divisó a Van Gaal y Davids. Fue hasta ellos con una sonrisa irónica y les hizo el gesto de hablar. Ambos hicieron como que no entendían. Davids, además, había hablado todo el partido. Messi se acercó a los dos y les murmuró algo. Posiblemente les haya dicho que no había que hablar antes de jugar. Pero a todo lo que había pasado en los días previos, además, se le sumó lo que pasó en el partido. Cómo los jugadores de Países Bajos acompañaron a los argentinos con insultos en los momentos de los penales. El clima volvió a caldearse. Sobre todo, tenían presente a un jugador que había estado muy activo en esa, Wout Weghorst, el que había hecho los dos goles.

El momento más viralizado del Mundial, el que se convirtió en meme, en *sticker* de WhatsApp, en remeras que se pusieron a la venta con urgencia, ocurrió a la salida del campo de juego y el vestuario, en el lugar que se conoce como *flash interview zone*, a la que solo pueden acceder los canales con derechos. Los jugadores primero daban la nota en el campo, un único micrófono, el de FIFA, con el panel de acrílico de fondo. Se trataba de una entrevista multilateral para la transmisión oficial ante los diferentes periodistas que estaban en la cancha. De ahí, se pasaba al siguiente sector, donde la charla era individual. Eso era en la *flash interview zone*. Hacia ahí iba Messi cuando Weghorst lo quiso detener, lo agarró de atrás, pero Messi se soltó. En la pantalla de TyC Sports se vería a Messi moviendo la cabeza de abajo hacia arriba, con cara de enojado, un salí de acá gestual. Pero Weghorst insistía: «*Come here, come here*», le gritaba. Eso no salía al aire. Sin saber quizá que ya estaba conectado, o sin importarle que la cámara lo estuviera tomando y que los micrófonos estuvieran abiertos, Messi lanzó su frase más popular. «Qué mirá, bobo, qué mirá, bobo. Andá, andá p'allá, bobo». No hizo falta nada más. Su imagen se retuiteó, se instagrameó, recorrió el mundo. Ya nadie podía dejar de decir «Andá p'allá bobo».

Lo que no quedó en el encuadre fue el momento previo, que tomaría un celular. Mientras Messi se acercaba a la entrevista, Weghorst intentaba llegar a él. Uno de los que los fue a frenar fue Lautaro Martínez, pero también salió al cruce Kun Agüero. Marcelo D'Andrea, Dady, el masajista de la selección, intentó calmar la situación. «¿Por qué lo mirás?», le pregunta en inglés el Kun, que luego contaría en ESPN otra parte del diálogo: «Le digo *"shut up"*, cerrá el orto. Y él me dijo *"you don't say shut up"* (no podés decir que me calle), y yo le digo *"ok, don't talk to Messi"* (no le podés hablar a Messi)». Weghorst al final se fue. «Dale, que somos más equipo nosotros, eh», le gritó Lisandro Martínez de pasada.

«Yo quise darle la mano después del partido. Le tengo mucho respeto como jugador de fútbol, pero él tiró mi mano al costado y no quiso hablar conmigo, mi español no es muy bueno pero me dijo palabras irrespetuosas y eso me decepciona», diría Weghorst. Pero Messi tenía una explicación de por qué había reaccionado así: «El 19 desde que entró al partido que empezó a provocarnos, a chocarnos, a decirnos cosas. Y me parece que eso no es parte del fútbol. Yo siempre respeto a todo el mundo, pero me gusta que me respeten a mí. Y me parece que el técnico de ellos no fue respetuoso con nosotros».

Un rato antes del episodio, Messi había empezado a hablar sobre Van Gaal, no lo olvidaba: «Vende que juega al fútbol y metió gente alta y empezó a tirar pelotazos». Tampoco había olvidado a Mateu Lahoz, pero sabía que tenía que ser cauto, recordaba algún castigo de otro tiempo, Copa América 2019, aquella vez que arremetió contra la Conmebol. «No quiero hablar del árbitro —dijo—, porque después, viste, te sancionan. Pero creo que la FIFA tendría que rever todo esto. No puede poner un árbitro de esta altura para un partido semejante, de cuartos de final de un Mundial».

Fue el partido de la rebelión de Messi, con su asistencia, con su gol, el décimo en Mundiales para alcanzar el récord de Gabriel Batistuta. Y a eso hay que sumarle su pase de magia a Molina. Pero fue también su liberación personal, en la que demostraría que, cuando quiere, solo cuando quiere, él habla adentro y afuera de la cancha. Y con gestos. Los cuartos de final, que hasta Brasil 2014, cuando se llegó a la final, fueron el tope que encontraba la selección en cada Mundial, comenzaron a construir una épica del equipo. Las discusiones previas, las lesiones, los enemigos, el esfuerzo, el Topo Gigio, los goles y la caída, los penales. Como si fuera también una forma de sacar pecho. El Messi más maradoniano, se dijo por esas horas. Pero Messi fue Messi, incluso en su pelea con Weghorst. «Bobo», le repetía.

El Mundial ya le pertenecía, pero él quería más.

# 10.

Pero antes de los himnos, antes de entrar a la cancha para jugar la final, antes de la primera salida al campo de juego, incluso antes de entrar al vestuario, antes de todo, los jugadores argentinos cumplen con lo que se ha convertido en una rutina. Mientras las cámaras de la FIFA los esperan a la bajada del micro, ellos se quedan arriba. Son cinco minutos, eternos para los tiempos de la transmisión oficial, pero ningún jugador está dispuesto a romper la costumbre. El momento es de ellos y de nadie más. Antes de bajar, tienen que cantar.

«En Argentina nací, tierra de Diego y Lionel, de los pibes de Malvinas, que jamás olvidaré», se escucha en el micro. Golpean los respaldos de las butacas, el techo, las ventanillas. El micro se sacude, las cámaras que los esperan toman la escena. Es una forma de cargar energía antes de cada partido. Cantar es otro modo de cercanía con los hinchas. Ellos mismos son hinchas. Las costumbres a veces se transforman en cábalas, en el cálculo supersticioso que llevan adelante incluso los que no se autoperciben supersticiosos. Las cumplen los hinchas, los jugadores, los cuerpos técnicos y los dirigentes. La mayoría las niega. Las cábalas no se cuentan, al menos hasta que todo termine, hasta que hayan cumplido su función.

Esas supersticiones incluyen una historia que persiguió por años a la selección argentina: la promesa que no se le cumplió a la Virgen de Tilcara, que era volver después de haber ganado la Copa del Mundo en México 86. Por mucho tiempo se construyó un mito que los jugadores de ese plantel se encargaron de negar. Algunos regresaron, pero la Argentina siguió sin ganar Mundiales.

Ahora, antes de la final con Francia, los jugadores se quedan en el micro, pero el cuerpo técnico se baja. El primero que lo hace es Scaloni, que viaja siempre sentado junto a Aimar. Sirve para otro momento de charla, para hablar de fútbol, lo que los ocupa todo el tiempo. Por eso después de Scaloni baja Aimar, baja el profe Luis Martín, baja Ayala, baja Samuel, baja Manna. El orden puede variar. Pero lo que nunca puede variar es que Ayala sea quien se frene en la zona del *FIFA arrival interview*, la primera nota obligatoria en la llegada al estadio. El elegido era siempre el mismo.

Una vez que terminaron de cantar, que cumplieron con el ritual, los jugadores van al vestuario. Pero tres de ellos se separan y van camino al campo de juego. Son De Paul, Paredes y Papu Gómez. En los bolsillos llevan caramelos Sugus. Cuando llegan al círculo central, los comen. Están ahí un rato, miran las tribunas, charlan, se ríen. La primera vez que lo hicieron fue en Goiânia, Brasil, contra Ecuador por cuartos de final de la Copa América 2021. A Dibu Martínez le gustaban esos caramelos. Cecilia Morel, que trabajaba en la agencia de Gustavo Goñi, representante del arquero, fue la que consiguió que la fábrica de golosinas enviara unos paquetes. También se encargó Alejandro, el hermano de Dibu. Así llegaron los Sugus desde el predio de Ezeiza, en esas idas y vueltas, hasta Brasil.

De Paul, Paredes y Papu iniciaron el rito antes de cada partido. Después de Ecuador, lo siguieron con Colombia en las semifinales y con Brasil en la final. Nunca lo abandonaron, tampoco en los partidos de eliminatorias y en la Finalissima con Italia, en Wembley. Fue la cábala más visible porque las imágenes de las previas los tenían siempre a ellos en el centro del campo de juego masticando caramelos. Para Qatar otra vez el hermano de Dibu se encargó de llevar los caramelos, que no solo comían el arquero y los tres jugadores que se iban al medio del campo de juego. El plantel se los repartía. Scaloni elegía los rojos, sabor frutilla.

Los Mundiales son un terreno para los pensamientos mágicos, para lo esotérico. Lo es el fútbol. Qatar 2022 lo fue quizá como ninguno, alimentado también por las redes sociales. Fue ahí que aparecieron «las brujitas», las que antes de los partidos se proponían hacer curaciones a los jugadores, a Messi en particular. «Hermanas, mi madre pide ayuda de las brujas de esta red social para curarles el mal de ojo a nuestros muchachos. Necesitamos refuerzos para curar a Messi», tuiteó @JulieCGallagher antes del partido con Australia.

La derrota con Arabia Saudita hizo cambiar rutinas, ropas, lugares, la gente con la que se había visto el partido. Ayudaron también los nuevos horarios programados para los encuentros que seguían. Apareció también ahí la idea del «mufa», del que da mala suerte. Qatar 2022 fue la época del «anulo mufa» ante todo, otra construcción de redes sociales. Una de las sagas la protagonizó el expresidente Mauricio Macri, que había estado en el palco del Lusail para el primer encuentro gracias a su cargo en la Fundación FIFA y a su vínculo cercano con el emir de Qatar. En los siguientes partidos que la Argentina ganó, su entorno se dedicaría a mostrar las fotos de su líder, siempre después del resultado, para desactivar un señalamiento que los incomodaba. Estaban preocupados de que sus rivales políticos lesionaran la imagen de Macri en una eventual campaña, especialmente ante un electorado futbolero y tan creyente de las cábalas como el del expresidente de Boca. Otra parte de ese ácido silencioso lo sufrieron *influencers* y *streamers* que viajaron a Qatar y que llegaron a denunciar acoso y amenazas por esos días.

En el vestuario no solo estaba la bolsa de Sugus, también estaban la Virgen de Luján, la Virgen Desatanudos, la imagen de la Virgen María, el Niño Jesús y la Difunta Correa, de la que es devoto Chiqui Tapia, sanjuanino, y a la que visitó después de cada victoria, subiendo de rodillas los setenta y dos escalones del santuario, en Vallecito, incluso después de llegar a la presidencia de la AFA. Y así como cuando se acomodan las prendas la pelota se ubica en el *locker* de Dibu, y así como Di María lleva a San Expedito en una de sus canilleras, en el vestuario también está Chucky.

En la Copa América 2021 uno de los utileros, Juan Cruz, le dijo a Tapia que el muñeco Chucky traía suerte. Así que lo llevaron al vestuario. Chucky es un personaje de la ficción con varias películas y una serie de televisión, un muñeco Good Guys que es poseído por un asesino serial. La selección lo convirtió en uno de sus talismanes. Después de ganar el título en el Maracaná, el presidente de la AFA se lo tatuó en una pierna. El muñeco siguió en poder de Tapia, que lo tiene exhibido en su oficina. Y llegó a Qatar. Chucky siempre estuvo en el vestuario.

Después está el capítulo de los tatuajes, que además en ocasiones son producto de las promesas que se hacen. En el documental *Sean eternos: campeones de América*, los jugadores relatan un juego con cartas. Papu y De Paul lo idearon: cada uno tenía que dar vuelta diez cartas diciendo antes qué cartas eran. Si adivinaban una de ellas, una sola, ganarían la Copa América. Papu fue uno de los que acertó, el ancho de bastos. Otamendi fue otro. Pero el que también adivinó una de las cartas fue Messi: el cinco de copas. «Él perdió cuatro finales, cuatro copas. Eligió el cinco de copas y le pegó. Dijimos: "Listo, no podemos perder"», contó Papu, que se tatuó el ancho en el cuerpo. Messi lo seguiría con el cinco de copas.

Otro episodio, más cercano al género de las teorías conspirativas, lo tenía como protagonista a Dybala. «Para mí Dybala es el hijo de Scaloni que vino del futuro. En su línea temporal Francia salió campeón y Messi se lesionó en 1.ª ronda. Está ahí para guiar a Scaloni y que Lio no se rompa. ¿Por qué no juega? Porque generaría una ruptura en nuestra línea temporal y desapareceríamos», tuiteó Nicolás Darfe, docente y licenciado en Comunicación, fan de *Dragon Ball,* desde su cuenta @NicolasDarfe. El hilo ficcional llevaba la foto de Scaloni con Ian, uno de sus hijos, y otra de Dybala en la que intentaban mostrar el parecido de ambos. Otros tuiteros se sumaron a la teoría, que sería alimentada durante los días siguientes.

Entre todo lo que se cuenta sobre las costumbres esóterICAS de la selección, está también aquello de Scaloni yéndose del campo de juego apenas termina el partido, sin mirar a nadie, a encerrarse en el vestuario. Algunos dicen que es cábala, otros que busca bajar la intensidad de lo que acaba de vivir. Lo que sí es cierto es que antes de la final de la Copa América 2021 el jugador que se sentó en la conferencia de prensa fue Dibu Martínez, el hombre que contagió los Sugus al resto. Para que la costumbre no se cortara, fue el mismo futbolista designado para hablar con los periodistas antes del partido con Francia.

Todas estas son historias que se cuentan con gracia, pero entre los jugadores y el cuerpo técnico no se quedan apegados a los pensamientos mágicos, a las cábalas y los rituales religiosos. Los partidos se estudian y se piensan en detalle. Ese día, minutos antes de que los jugadores se quedaran cantando en el micro, cuando todavía estaban en la Universidad de Qatar, Scaloni les había anunciado la formación. Algunos ya sabían que jugaban, otros todavía podían tener la duda. Tagliafico escuchó su nombre y abrió los ojos: hasta ahí él pensaba que jugaría Huevo Acuña. También Di María iba a jugar. Lo que nadie sabría hasta que comenzara el partido, salvo ellos, los jugadores y el cuerpo técnico, era un detalle: el lugar de la cancha en el que lo haría, un secreto que enloquecería a los franceses.

# 11.

Así como los partidos se preparaban con obsesión, y así como contra Países Bajos se pensó en la línea de cinco, contra Croacia se trató de asaltar el medio campo. Los jugadores se repetían que el trabajo estaba hecho, que había una misión cumplida con haber llegado a las semifinales. Se trataba de haberse asegurado el séptimo partido. Pero también se repetían que ahora no los paraba nadie, que habían llegado a Qatar buscando la Copa. De algún modo, las circunstancias que rodearon al encuentro de cuartos de final les dejaron una sensación de invencibles. Le habían ganado a una selección de alta talla futbolística, con un técnico que rompía con la tradición holandesa, la de Johan Cruyff, pero que era una leyenda y sabía cómo hacer daño con sus equipos. Quedó demostrado cuando Países Bajos empató el partido.

Y además habían sacado pecho. No iba a ser una característica, pero entendieron que en esa ocasión iba a ser necesaria. Habían tenido un rival europeo con Polonia en el grupo y le ganaron sin sobresaltos. Países Bajos era un europeo fuerte. Y ahora llegaba Croacia, al que la Argentina había padecido en Rusia 2018. Aquella vez, en la ciudad de Nizhni Nóvgorod, Luka Modric y sus compañeros demolieron a la selección, le ganaron 3-0 y pusieron en riesgo el pase a octavos. Croacia sería finalista con Francia, el equipo que luego sacaría a la Argentina de Rusia. Messi, treinta y cinco años, y Modric, treinta y siete, volverían a verse las caras. También el técnico croata era el mismo, Zlatko Dalić. Scaloni conocía, además, la experiencia de Rusia desde adentro del cuerpo técnico.

La decisión fue que entrara Paredes en el medio. Cuatro volantes, con Enzo un poco más suelto, con Alexis por la izquierda y con De Paul ya recuperado a la derecha. Y en el lateral izquierdo volvía Tagliafico como titular. Y lo probable, lo que podía suceder que finalmente sucedió, era que Croacia le sacara la pelota. Tenía jerarquía para hacerlo, tenía a Modric, su capitán, pero también a sus laderos Mateo Kovačić y Marcelo Brozović. Venía de dos tiempos suplementarios, dos definiciones en series por penales, venía de robarle la pelota a Brasil. Había una idea de que Croacia era un rival muy difícil, estaba entre los hinchas, estaba también en la prensa. Lo era, aunque en la intimidad de la Universidad de Qatar los jugadores argentinos sostenían con seguridad que la selección iba a ganar. No por una confianza ciega, tampoco para tomar fuerzas, sino porque sinceramente se sabían superiores a Croacia.

También porque el Mundial había entregado guiños. Ya no estaba Brasil, ya se habían despedido Portugal y Cristiano Ronaldo (que pasó los últimos días en conflicto con el equipo). Ya no estaba Inglaterra, eliminada por Francia, que jugaba con Marruecos la otra semifinal. Desde la primera fase no estaba Alemania, tampoco Bélgica y Dinamarca. Ya no estaba España en Qatar. Las selecciones que por distintos motivos se mencionaban como candidatas, habían ido cayendo.

Los primeros 20 minutos fueron lo previsible. Activó Modric, activó Croacia. Pero la Argentina también podía estar cómoda sin la pelota. Había tenido varios partidos así, incluso en la Copa América de 2021. Era un equipo, además, que sabía defenderse. Había que seguir lo que decía el entrenador desde hacía tiempo: que no le gustaban los sistemas y que los equipos tenían que saber cuándo atacar y cuándo defender. Las virtudes camaleónicas de la Argentina la hicieron una selección difícil de descifrar. Incluso en la derrota con Arabia Saudita había sabido cómo romper las líneas bien adelantadas de los rivales, aunque los *offsides* milimétricos le impidieron el triunfo. En los partidos siguientes se acomodó a lo que necesitó en cada momento.

«Una selección sólida atrás, con mucho juego en el medio y contundente adelante —escribió Vicente Muglia, analista táctico del diario *Olé*—. Una selección que respetó la esencia histórica del fútbol argentino. La del juego asociado, la de buscar juntar a los buenos. Un equipo lleno de N.° 10 (Messi, De Paul, Mac Allister, Enzo Fernández, Papu Gómez, Paredes y eso que faltó Lo Celso) cumpliendo distintos roles para poder adaptarse a las necesidades tácticas y estratégicas en cada partido. Un equipo que hizo apología del ataque funcional en lugar del juego posicional que dominó al mundo en los últimos diez años, pos Barcelona de Guardiola. Donde los jugadores se ordenan alrededor de la pelota y no a través de la ocupación racional de los espacios. Sin extremos fijando a laterales, con el juego interno como prioridad y con las bandas libres para la proyección de los laterales, Argentina mostró otra manera de jugar. Y de ganar». Eso que se viralizaría del exarquero argentino

Jorge D'Alessandro, panelista del programa español *El chiringuito*: «Ganó el vértigo, el fútbol cambió, los tres volantes de Argentina vuelan». *Tsss, tsss, tsss.*

Mientras Croacia tenía la pelota en esos minutos, aunque no le generara sobresaltos a la Argentina, una imagen nos paralizó. Fue cuando Messi recibió una pelota de espaldas al arco que tenía que atacar, al lado del banco de suplentes croata, y lo fueron a encimar dos jugadores. Uno de ellos fue Borna Sosa. Después de esa jugada, Messi se agarró la parte posterior de su muslo izquierdo, el isquiotibial. No se distinguía si se masajeaba para aflojar o si se estaba metiendo el dedo ahí para ver si tenía una lesión. Messi no miraba al banco, pero el banco lo miraba a él: era para el único que tenían ojos. Daniel Martínez, el médico, lo seguía. También Luis Martín, el kinesiólogo. Y por supuesto Scaloni. Cada veinte segundos, Messi se tocaba. Había dos posibilidades: quizá la más tranquilizante era que hubiera sufrido un golpe en la jugada previa, pero estaba la más desesperante, que tuviera una lesión muscular. Una camilla llegó a prepararse por si hacía falta atenderlo. Pero Messi seguía sin mirar al banco de suplentes, ni siquiera se había acercado, no había pedido que lo masajearan. Nada de nada: solo se tocaba la pierna durante un tiempo que resultaba interminable.

Con una angustia que se desparramaba por el campo de juego pero también en las tribunas y en las casas, la pregunta era: «Se sigue tocando, se sigue tocando, ¿qué le pasó?». Un *flashback* llegó hasta ese momento y fue lo que había ocurrido en la final de la Copa América en el Maracaná. Messi había llegado hasta ahí con una molestia, que también había sentido en la semifinal. Durante el entretiempo tuvieron que acostarlo en una camilla para tratarlo. Lo que se contó por entonces fue que debieron infiltrarlo. No estuvo ni siquiera en la charla del entrenador. «Hace dos partidos que está yo no sé a qué porcentaje porque tuvo un problema en el isquio. Eso te da la pauta del tipo de jugador que es. Poder haberlo dirigido para mí es algo único, y si el argentino lo conociera realmente como lo conocemos nosotros, lo amaría mucho más de lo que lo ama», diría Scaloni después del partido.

El cuerpo de Messi nos dolía a todos, nos preocupaba a todos, pero unos siete minutos después Enzo vio el pique de Julián, lanzó la pelota desde la mitad de la cancha y el delantero argentino quedó frente a Livaković, el arquero croata, que se lo llevó puesto. El árbitro italiano Daniele Orsato cobró penal. Pero más allá de lo que sucedería después, lo que habría que ver de esa jugada también es el esfuerzo de Messi, que después de que Julián se la tocara al arquero y quedara en el piso, va a pelear la posibilidad de un rebote. Y eso unos minutos después de mostrar la molestia. Fue como si se hubiera reactivado, como si tocándose reavivara la pierna lastimada. Era otra vez Messi, que pateó unos segundos después su penal más fuerte del Mundial. De zurda, cruzado y bien arriba. Se lo habían recomendado el día previo tanto Dibu Martínez como Gerónimo Rulli, que conocían mucho cómo atajaba Livaković, un especialista en penales. Rulli hablaba mucho con Messi. No solo con Messi, también con el resto de sus compañeros. Tiene vocación de entrenador, de esos futbolistas que por su formación intelectual van camino a ser técnicos. Su mirada era importante afuera de la cancha, los jugadores lo escuchaban. Es parte de los roles que también se arman en los grupos. En 2018, después de haber quedado afuera de la lista para el Mundial de Rusia, Rulli fue a la inauguración de una Biblioteca Futbolera en La Plata, su ciudad. Ahí habló de perseverar en lo que se busca sin miedo. «Mi próximo sueño —dijo— es ser arquero de la selección argentina en el Mundial de Qatar 2022 y voy a lograrlo». Y ahí estaba.

Con el gol, con Messi recuperado, la Argentina entraba en clima. «Fue un golpe», diría Messi después, para más tranquilidad, aunque no se veía algo parecido en la jugada previa. Como fuera, él siguió en ritmo. Pero lo que llegaría un rato después sería el momento Julián del partido, quizá del Mundial. Ese chico incansable de Calchín, Córdoba, de veintidós años, y que siempre se ríe. Es un niño hecho jugador de fútbol, que va a cada pelota: su obsesión es buscar la pelota, correr hacia ella, hacer goles, molestar a los rivales, sacárselas si es necesario. Le decían el Arañita porque parecía que tenía más de dos piernas. Ahora es la Araña. No importa si es jugando para River, para Manchester City o para la selección argentina. Corre todas, corre a los volantes y a los centrales, y siempre parece ir con una sonrisa que enternece y enamora. ¿Está jugando en Calchín o está jugando un Mundial? Para Julián es lo mismo, un jugador hecho para grandes cosas, para goles como el de la noche del Lusail.

Después de un córner croata se armó la respuesta argentina. Messi quiso controlar la pelota, quizás intentar una gambeta, pero la estiró y ahí fue Julián, sus veintidós años, sus ganas. Se abrió camino ante todos a velocidad crucero. De pronto fue como si todo a su alrededor se suspendiera y solo él estuviera en movimiento. Molina le picó por delante para darle opción de pase, pero lo único que le importaba a Julián era llevarse la pelota, ir hacia el gol. Nadie lo iba a parar. Hubo un rebote pero le quedó a él. Las aguas se abrieron, Borna Sosa terminó boca abajo en el área, y a la salida de Livaković la tocó con la derecha. Todo eso que hizo Julián, la corrida, el empuje, el gol, todo lo hizo sonriendo. También reía cuando salió corriendo para celebrar, para abrazarse a Messi.

En las ganas de verlo en espejo de otros goles, hubo quien midió la distancia que recorrió, cincuenta y cinco metros, similares a los cincuenta y dos metros en los que Diego esquivó ingleses para su segundo gol en el Azteca. Pero en su forma, por la arremetida y los rebotes, se lo vio semejante al primer gol de Mario Kempes contra Holanda en 1978. Kempes lo aplaudía desde el palco como en cada partido. Como diría Scaloni un rato después, Julián es alguien que se quiere comer el mundo. Y está dispuesto a ir por él.

Desde ahí el equipo iría con tranquilidad hacia la final. Se trataba de una calma inusual para lo que había sido el Mundial hasta ese momento. Lo habían sufrido con Australia y también con Países Bajos. Pero ahí también pareció que todo estaba bajo con control. Circulaba un dato que se repasaba con cuidado las horas previas al partido con Croacia y era que hasta entonces la selección nunca había perdido en instancias de semifinales. En 1930 le ganó 6-1 a Estados Unidos. En 1978 se jugaba en otro formato porque se resolvía en una segunda fase de grupos, pero ganó su zona y así llegó a la final. Pasó a Bélgica en México 86 con un Diego pletórico, pasó a Italia en los penales con Sergio Goycochea gigante, igual que a Holanda en 2014, la noche en la que Mascherano le avisó a Sergio Romero: «Hoy te convertís en héroe».

Acá será otra cosa. Acá será la función de Messi, su noche. ¿Cuál había sido la noche más mundialista de Messi? Con Australia. ¿Cuál había sido su noche maradoniana? Con Países Bajos, cuando se contagió —y contagió— a sus compañeros, cuando lo enfrentó a Van Gaal. Fue cuando el equipo mostró también su costado más peleador, un grupo de arrabaleros al que no iba a llevar puesto nadie. Porque no se sentían nunca menos que nadie. Lo que les dijeran antes solo iba a prender la dinamita, diría Dibu. A los roles tácticos, al fútbol, al talento, los jugadores también le agregaron esa forma de sacar pecho. ¿O acaso no era eso también Diego Maradona, su fútbol genial y compadrito? Para su quinto Mundial, Messi encontró a estos compañeros con los que además se divertía en las horas de concentración, con los que sacaba todo su rosarino, comiéndose las eses, diciéndole «vaquero» a lo que algunos le dicen *jean* y «pieza» a los que otros llaman «habitación». Es el «qué mirá, bobo, andá p'allá, bobo». Fue el Messi de siempre pero más liberado.

En esa liberación también estuvo su fútbol. «No es lo mismo salir a la cancha a defender a un compañero que salir a defender a un amigo», diría Valdano, campeón del mundo en 1986 y uno de los más finos pensadores del juego. Messi jugó rodeado de Dibu Martínez, que habla de su psicólogo y demuele mentalmente a sus rivales en los penales; de Cuti Romero, un tipo que te patea con cariño para felicitar; de De Paul, que lo sigue a todos lados; de Papu Gómez, que jugaba a ser parecido a David Beckham; de Enzo, Julián y Alexis, que lo habían visto como su ídolo, quizá como algo inalcanzable, y ahora jugaban como si nada a su lado. Enzo se lo había escrito en un *post* de Facebook en 2016 cuando Messi, después de la final perdida frente a Chile, sintió que ya no podía seguir intentando nada con la selección: «Verte jugar a vos con la celeste y blanca es el orgullo más grande del mundo —escribió Enzo con solo quince años—. Jugá para divertirte, porque cuando vos te divertís, no te das una idea lo que nos divertimos nosotros». Ahora se divertían juntos. Messi los conducía. También podía retarlos, como cuando entre De Paul y Lo Celso comenzaron a cantar contra Brasil en la final del Maracaná y él enseguida dijo no. Estaba atento, además, a que todos se sintieran cómodos. Lo contó Alexis, que le había dicho a Messi que no le gustaba que lo llamaran Colo y fue Messi el que juntó al resto para pedirles que no lo llamaran así.

El Messi sublevado de Países Bajos mutó al Messi poético de Croacia. ¿Y si todo era la misma poesía? Porque todo estuvo contenido en ese segundo tiempo en el que se volvió a masajear la parte de atrás del muslo de su pierna izquierda. Otra vez. Pero Messi estaba en su mejor estado. Demostraría que para él no había edad, no había cuerpos viejos y cuerpos nuevos, había fútbol. Joško Gvardiol, veinte años, quizá uno de los mejores centrales del Mundial, fue a buscarlo por la derecha con su cara enmascarada. Messi le hizo señas a Julián de que fuera sobre él, sobre el croata, que lo cubriera, y dio un paso adelante para recibir la pelota. Estaba tapado, pero Julián obturó a Gvardiol, le bajó la pelota al genio y ahí se iniciaron los catorce segundos de una obra de arte. Messi, con treinta y cinco años, se fue como un *wing*, con la izquierda y apoyándose en la derecha. No necesitó velocidad, solo escondió la pelota, fue de acá para allá, lo importante era que no se la sacara porque, mientras eso no sucediera, él, Messi, iba a saber salir de ahí. No solo eso, otra vez de acá para allá, con amagues, con frenos, lo desbordó a Gvardiol, lo bailó, y sacó el pase para el segundo gol de Julián.

Algo maravilloso acababa de suceder en el Lusail, algo que, se sabía, quedaría para siempre. No hacía falta esperar para tomar dimensión de un momento inolvidable, que sería repetido desde todos los ángulos y desde todos los ángulos se vería como una genialidad. El gol de Julián activó en el estadio el cóctel químico de la felicidad. «Arlequino maravilloso —gritaba Víctor Hugo Morales en la tribuna de prensa, en la zona de las radios—, servidor del arte del fútbol, mimo increíble, con un solo gesto es capaz de mostrar la belleza del deporte. Aladino eterno del fútbol, zurda infinita y extraordinaria para escapar por donde menos le convenía, por la derecha, para escapar en el camino y servirle a Julián, a Julián Álvarez, su cuarto gol en el Mundial».

«Cada partido podría ser el último que veamos de él», había escrito el periodista inglés Jonathan Wilson en el diario *The Guardian* unos días antes. «Cada uno de sus partidos en esta Copa del Mundo es un emblema de la fragilidad transitoria de la belleza humana, de la eterna marcha del tiempo.» ¿Qué estábamos viendo ahora en Messi contra Croacia? La hermosura de su fútbol en estado puro. O el mejor Messi de la historia, como escribió Daniel Arcucci incluso antes de este partido. Ya no estábamos ante el rayo del Barcelona, la gambeta en velocidad, un genio intuitivo, sus diagonales. Ahora estábamos ante el Messi más cerebral. Sus gambetas se convirtieron en gambetas de autor, trazos más elaborados. Las expuso durante todo el Mundial, como explicaría su biógrafo oficial Guillem Balagué. Messi se pegaba a sus rivales, los imantaba, les escondía la pelota y ahí se los sacaba de encima. Ese era el Messi de Qatar, el de la selección argentina, el genio y el artista, como si hubiera tenido que ser un poco otro, distinto al de los años catalanes, para que el recuerdo sea específico, para no mezclarlo con otros álbumes de fotos.

Julián se fue de la cancha con dos goles de una semifinal, como Kempes en 1978. Uno de los abrazos más fuertes que recibió al salir fue de Lautaro, un gesto que también demostraría lo que pasaba entre los jugadores, los que estaban adentro y los que esperaban afuera. Su reemplazo fue Dybala, el viajero en el tiempo, en lo que serían sus primeros minutos en el Mundial. Se había quedado con la bronca en los partidos anteriores. Cuando vio que no entraba contra Australia le dio un golpe al techo del banco de suplentes. Pero no había enojo, había ganas de jugar. Tampoco entró Di María: a esa altura, con el 3-0, el partido ya resuelto, Scaloni resolvió guardarlo para la final. Los que entrarían, en ese contexto, serían otros jugadores que hasta ese momento no habían tenido participación mundialista. Entró Juan Foyth, entró Ángel Correa. Faltaba poco para el final, era la hora de disfrutar.

Fue la hora de que al «Diego desde el cielo lo podemos ver, con Don Diego y con la Tota, alentándolo a Lionel». Messi nunca salía y continuaba con su *show*. Todo sería desde ahí una misma fiesta, su fútbol y la tribuna, que fue también suya. El árbitro dio cinco minutos, tiempo que servía para estirar la fiesta. El banco cantaba. Messi se abrazó a Paredes, se abrazó con Lautaro, con De Paul, y en un rato se abrazarían todos mirando hacia el arco donde Julián había hecho su segundo gol, donde se concentraba la mayoría de argentinos, para volver a cantar. Messi iba a jugar su segunda final de Mundial después de la frustración de Brasil 2014. Pero lo que ahí también se festejaba era la belleza de su juego, la noche en la que Messi rompió la cuarta pared, unió la escena con los hinchas. Les habló a ellos, los miró a ellos, jugó para ellos. Como en el teatro, pero en el fútbol.

# 12.

Ahora sí, se juega la final del Mundial, y a los 2 minutos y 15 segundos Messi busca a Di María por la izquierda. El secreto mejor guardado de Scaloni y Aimar está ahí. A la espalda de Koundé, que nació central y entonces tiene una tendencia a cerrarse. Es un impuro para el puesto. Scaloni lo sabía, conoce el puesto porque fue lateral derecho, y entonces también sabía que, si Di María jugaba por su costado habitual, por el lado de Theo Hernández, iba a tener que retroceder. En esa zona, además, Francia lo tiene a Mbappé, el plan a ejecutar ahí es otro. En cambio, por donde va Di María está Koundé, que tiene problemas para defender a sus espaldas, y también está Dembelé, que no suele ayudar en la defensa.

A los 3 minutos y 58 segundos, Cuti lo vuelve a buscar a Di María con una pelota larga. Entran en la pantalla Tagliafico y Alexis, que hace el trabajo entre líneas, el juego interno de la

Argentina. Un minuto después el que lo busca a Di María es De Paul. Todos saben que es por ahí, Scaloni se lo dijo antes de subir al micro, cumplió con su sistema de mensajes encriptados. Durante los días previos se encargó de desorientar al rival probando una supuesta línea de cinco. Línea de cinco o Di María, línea de cinco o Di María, línea de cinco o Di María. La ejecución era importante, tanto como que fuera una sorpresa. Cuando una hora antes toda la prensa ya sabía que jugaría Di María, la cuestión era por dónde iba a jugar y eso solo se supo cuando a las 18 h de Qatar, con el conteo habitual, el 3, 2, 1, Di María ya se había parado para ir sobre Koundé.

La Argentina fue un equipo programado para atacar el lateral derecho francés. Y así lo busca Messi otra vez y Di María logra conectar el primer centro al área de Hugo Lloris. En el minuto 10 es el momento de cantar por Diego, de recordarlo como en cada partido de la Argentina, y a los 11 minutos con 50 segundos es el momento en el que Messi vuelve a insistir con Di María. Así va a ser. ¿Y de Mbappé quién se encarga? De Mbappé se encargan Molina y De Paul en un trabajo de pinzas precioso. Entre los dos lo secuestran. A Mbappé no le llega la pelota.

Pero De Paul no está en esa nada más, su trabajo es titánico. Está en defensa, está en ataque. Con sus medias cubriéndole la canillera, dejándole una parte de las piernas descubierta, presiona arriba, roba pelotas a lo guapo, se las entrega a Messi, es siempre opción de pase. Su figura es enorme. Su figura también es la 10, empezó como enganche, en Racing, en el Predio Tita Matiussi. Siguió en Valencia, tuvo un regreso a Racing, pero su vuelta a Udinese lo disparó como el jugador que es. Había empezado mal con Arabia Saudita, había llorado con una lesión que lo angustió, vio cómo el medio campo con el que jugaba cambiaba y ahora tenía a dos compañeros nuevos, Enzo y Alexis, los inesperados que se comían la cancha mientras él crecía en silencio. Ahora tiene en la final una tarea compleja, desactivar al monstruo de Francia sin dejar de ir al ataque. Con Molina se alternan, se hablan, se miran, necesitan mucha concentración.

¿Y por dónde sigue todo? Por la izquierda, con Di María.

En un momento hay un tiro libre de Francia que lanza Antoine Griezmann, como de costumbre, y que intenta conectar Olivier Giroud. Pero no pasa nada. Así que Dibu Martínez se la da por abajo a Cuti Romero y comienza una jugada que podría ser intrascendente, una más de cualquier partido en la que la pelota se mueve de un lado al otro. Pero la mueve la Argentina. Así que la intrascendencia se convierte en tormenta. Son treinta y un toques desde que sale de Dibu. Uno de ellos lo dará Giroud, es cierto, cuando intenta robársela a Enzo y lo que termina haciendo es pasársela a Alexis. Entonces viene lo mejor. Son treinta y un toques y los últimos dos son de Alexis, que juega con Julián, que abre rápido para la izquierda. Es una belleza lo que hace porque no duda, sabe que ahí va a estar Di María. No solo está, sino que encara como lo indica la mejor tradición de los *wings*, lo encara a Dembelé, que lo espera y se debe haber preguntado por qué le tocó esa, por qué ahí no estaba Koundé, que está más atrás. Dembelé lo toca, Fideo cae y el polaco Szymon Marciniak cobra penal.

Messi le pega bajo, cruzado, pero lo extraordinario ocurre en la espera porque cuando lo hace, Lloris ya había elegido su lado izquierdo y entonces no tiene forma de echar el tiempo atrás. Es gol de Messi, primero en una final de un Mundial, y el primero de un jugador argentino en una final de un mundial desde que Burruchaga le hizo su golw a los alemanes en 1986. Ya se sabe cómo había terminado la final en Brasil 2014. Messi corre a festejar, ya con su cara de

Messi maduro, y se tira como un rey, se lanza de costado en el campo de juego.

Deschamps discute con Guy Stéphan, su colaborador, lo hacen con preocupación. Porque el dominio argentino continuaba. Francia había sido hasta ahí un equipo que siempre resolvía los partidos con sus individuales, juego directo, la apuesta a la velocidad y el talento de Mbappé, que parece mezclar dos deportes, el atletismo con el fútbol. Pero en partidos anteriores Mbappé no había sido la clave, sino la manija de Griezmann y la potencia de Giroud en el área. Inglaterra en cuartos y Marruecos en semifinales lo habían complicado, pero Francia tuvo demasiada facilidad para el gol en ambos partidos y así los sacó adelante. Por eso era temible y por eso lo que decidió hoy Scaloni es de una valentía que solo se tiene cuando hay convicciones. Este equipo las tiene, el cuerpo técnico también. Su audacia lo demuestra. Scaloni cumplió, además, con algo que había dicho antes del Mundial. Había salido a atacar, pero sabía defenderse. Porque lo que se ve es Di María, pero es clave lo que la defensa argentina hace. Si Francia no está en la cancha, no es porque haya tenido un mal día, es mérito de la selección.

35 minutos del partido, Francia saca un lateral. Todavía está inmersa en el desconcierto. Molina

había tenido una mala salida, solo eso. El lateral va hacia Mbappé y Cuti le pone el cuerpo para que no entre cómodo al área, sobre la derecha argentina. Molina se reconstruye, lo cierra y se la da a Dibu para que la saque. Hacía diez minutos que Scaloni no daba indicaciones, tampoco se sentaba a charlar con Aimar, que seguía conectado a los auriculares, a lo que pudiera decirle por ahí Matías Manna. Pero cuando el rechazo de Dibu cae en Upamecano, justo al lado del banco argentino, es como si Scaloni despertara con movimientos nerviosos. Comienza a pedir que presionen. El que está ahí es Julián, que cumple las órdenes como hace siempre. Parece un autómata en el asunto, pero sigue siendo un niño incansable. Lo apura a Upamecano, que la tira larga y sin destino. La pelota va hacia Molina.

Lo que sigue es una secuencia de veintidós segundos.

Molina no la revienta, no la tira a cualquier parte, se la pasa a Alexis, que está jugando en un modo total, completamente encendido, y que a un toque se la da a Messi, que será el único jugador que la toque dos veces, control y apertura a Julián, que ve el pique de Alexis. Y acá la maravilla es cómo se desliza la pelota cuando la toca Alexis, es un efecto que hipnotiza porque además es perfecto, va dando vueltas sobre sí misma hasta llegarle a los pies a Di María, que también resuelve esta cuestión a un toque, por encima de Lloris. Ya cuando Alexis dio su pase, los gritos de asombro comenzaron a escucharse en el Lusail. Solo que Di María completó el griterío. Un gol así y en una final de Copa del Mundo. Algo ahí se debe haber reavivado para Fideo, la final que se perdió en Brasil 2014, las finales perdidas en Copa América, las lesiones, las críticas que soportó. Y con todo eso puede decir que es un jugador de finales, de lo que ocurrió en 2021, de Wembley, de esta noche en Qatar. Di María hace su corazón con las manos y llora, las pantallas lo muestran y el llanto se contagia.

Se vieron ahí todas las caras de la Argentina, los treinta y un pases antes del penal para el gol de Messi, la transición rápida para el segundo. En los dos, Di María por izquierda. Y siempre hay un lugar donde todo comienza. Ese lugar fue de Molina, que decidió el primer pase sin desesperarse. Decidió que algo empezara y no que algo terminara. No fue casualidad, fue una determinación, la que a sus veinticuatro años lo hizo jugar un Mundial de sueños. Nacido en Embalse, Córdoba, formado en Boca, tuvo un paso por lo que Barcelona había armado en La Candela, el predio de San Justo, en la provincia de Buenos Aires. Llegó a viajar para probarse en las inferiores del club catalán, pero volvió a Boca, que después de algunos partidos lo cedió a préstamo a Defensa y Justicia. Es el camino de todo futbolista con persistencia. Pasó por Rosario Central y cuando volvió a Boca quedó libre. Pero su camino seguiría en Udinese y Atlético de Madrid. Con esas ganas se ganó el lugar en la selección, primero para la Copa América 2021, después para Qatar 2022. Pero el momento es de Di María, que llora y que un rato después, como si fuera poco, le tira un caño a Koundé, que le tiene que hacer falta.

Bienvenidos y bienvenidas a un baile. Un baile en una final de Mundial. Los que en ese momento se miraban para preguntarse si era cierto lo que estaba pasando buscaban en los recuerdos, en los archivos de YouTube, y lo único que aparecía era México 70, Brasil contra Italia, la exhibición de un equipo, la exhibición de Pelé. Si a alguien eso le parecía una exageración, había que ver el partido, porque con el 2-0 la Argentina todavía seguía en su juego. Didier Deschamps, que charlaba con impotencia con su colaborador, puso la dimensión de todo. Hizo dos cambios a los 40 minutos del primer tiempo. Sacó a Olivier Giroud y Ousmane Dembelé y puso a Marcus Thuram, veinticinco años, y Randal Kolo Muani, de veinticuatro.

Pero, aunque el árbitro polaco diera siete minutos de tiempo adicionado, algo que no se esperaba por lo que habían sido las acciones, nada iba a cambiar. El partido seguiría por el mismo lugar, por el lugar en donde mandaban las camisetas celestes y blancas. Ahí hubo un punto. La Argentina quiso jugar con ese uniforme. Lo había hecho en todos los partidos, excepto contra Polonia, donde usó por única vez la camiseta violeta que le había provisto Adidas, la marca que viste a la selección. Primero resistida, luego aceptada con naturalidad y también demandada, la camiseta violeta representó, según la empresa, la igualdad de género. Acto de *marketing*, lo que sea, pero no era poco usarla en Qatar. Las tres tiras, además, tenían los colores del arcoíris. Pero los jugadores querían la celeste y blanca para la final. También ahí se ponían sobre la mesa asuntos de la superstición. Las últimas dos finales se habían disputado con camiseta azul, contra Alemania en Italia 90 y Brasil 2014. Además, el equipo quería utilizar pantalones blancos, algo que ya venía desde los cuartos de final contra Países Bajos. Había una historia que se remontaba a Brasilia, de cuando la Argentina le ganó a Bélgica por los cuartos de final en 2014, la vez en la que Sabella había dicho que el partido era como cruzar el Rubicón. Hasta ese momento, desde 1990, la selección no había pasado esa instancia. Aquella tarde, en el Mané Garrincha, gol de Higuaín, el equipo había usado pantalones blancos. También en Qatar contra Países Bajos y Croacia. En las reuniones técnicas, Francia lo rechazó. Ellos también querían pantalones blancos. Hubo una discusión. Los jugadores argentinos insistieron. La AFA se impuso. Por eso ahora en el Lusail la Argentina está con su camiseta tradicional y con los pantalones blancos.

Hay un momento del segundo tiempo, habrá sido a los 57 minutos de partido, que Enzo le roba una pelota a Mbappé y se la toquetean con De Paul y Messi tan bien que Mbappé termina haciendo falta. Es descomunal. La Argentina sale a jugar con la misma convicción, sin cambios. Di María se la esconde por enésima vez al pobre de Koundé, tira el centro, De Paul la deja pasar y Messi le pega mordido. Nada podía hacer pensar en una catástrofe. Todo lo contrario. A los 60 minutos, cuando Huevo Acuña ya se preparaba, Scaloni le avisa a Fideo que lo iba a sacar. «Hago un gol más y salgo», le dice al entrenador. Como los chicos que no quieren salir de la pileta, que no quieren dejar de jugar. Scaloni le hace caso un rato. Pero lo saca tres minutos después. Se lo iba a reprochar luego del partido, se reprocharán otras decisiones, pero hay que decir que nada de lo que el equipo ha cambiado pone en riesgo el partido. Nada hace presagiar un problema. Alexis sigue jugando entre líneas, sigue con Messi, Acuña presiona bien arriba. Deschamps en un momento manda a la cancha a Coman y Camavinga.

Así y todo no hay indicios de lo que sucedería un rato después. De Paul sigue robando pelotas. Alexis y Messi se encuentran. Enzo le pega a colocar, la saca Lloris. Ya se sabe lo de Enzo, lo de Julián, pero ahí está Alexis, hijo de Carlos Javier Mac Allister, que, además de en Argentinos Juniors, Boca y Racing, también jugó en la selección. El padre de Alexis fue parte del equipo que superó el repechaje con Australia en 1993. Francis y Kevin, sus hermanos, también juegan al fútbol. Después de Argentinos, Alexis tuvo un tiempo en Boca, llegó a préstamo, pero enseguida se fue al Brighton de la Premier League. Fue de a poco que encontró su lugar en la selección. Había sido convocado para los partidos de eliminatorias de enero y febrero de 2022, contra Chile y Colombia, pero dio positivo de COVID-19. Sin embargo, en marzo tendría la revancha. Dos grandes partidos, contra Venezuela en la Bombonera y Ecuador en Guayaquil, le abrieron las puertas. Scaloni buscaba alternativas en el medio. Estaba él, estaba Enzo, estaba Exequiel Palacios. Pero se adueñó de su lugar con la caída de Lo Celso y después de la derrota con Arabia Saudita. Jugó cada partido con un nivel enorme, el hombre de las entre líneas. Con esa historia, haciéndose cargo de lo que le corresponde, juega una final del Mundial y sin ninguna complejidad.

Por eso, no pasa nada. Revisar los cambios de Scaloni a esta altura es injusto. Él mismo los piensa, él mismo se los reprocha, pero lo que desata el vendaval de Francia no tiene demasiado que ver con esas decisiones. Un rato antes De Paul roba una pelota con absoluto desparpajo, teniendo el comando del partido. Y todo fluye, es el «ole, ole, ole» que se escucha en el Lusail. Y es un momento, una escapada, Kolo Muani le gana a Otamendi y hay penal. Ya lo vimos todo, ya vimos el horror, sentimos el silencio del estadio, la crueldad implacable del fútbol. Porque además Mbappé hace el segundo. Y porque lo que seguiría a esos minutos fatales sería todavía de mayor angustia. Todo ese tiempo que pasaría sería de sufrimiento, de un partido diferente al que se había planteado. Francia juega con cuatro arriba: Coma, Kolo Muani, Thuram y Mbappé. Es otra postura. En algún momento Dibu tapa un centro y Cuti Romero se la acerca con la rodilla. Los franceses corren todo y cada avance es una escena de terror. Porque todavía faltan algunos minutos, ya es un partido para la historia. Messi dispara desde afuera y se la saca Lloris.

Todo se va de las manos, queda recomponerse en el tiempo suplementario. Lo que había sido perfecto se convierte, de pronto, en el desafío de otro partido. Ahora no hay sorpresas. Scaloni solo les dice a los jugadores que lo pueden ganar. Hacía varios días que el DT estaba tomado por lo emocional, incluso lloraba cuando hablaba, pero a los jugadores les dice ahora que salgan convencidos de su juego. Como había ocurrido con Países Bajos, otra vez se encuentran en la situación de jugar lo que sigue con el rival agrandado, empujado por la suelta de energía que supone levantar un partido que tenía total y por completo perdido. La Argentina le había dado un baile a Francia, ¿cómo se explica a esta hora que tuviera entonces que ir a un alargue?

Los pensamientos sobre el Azteca, la posibilidad de que al final se ganara, no tienen lugar. Gonzalo Montiel va a la cancha por Molina. También irán Lautaro y Paredes por Julián y De Paul. Y ahí hay algo, pero ese algo no sucede. La pierde Lautaro, a Montiel se la saca Varane. En el entretiempo, Marito el utilero reparte el agua entre los jugadores. Algunos toman por costumbre.

Empieza el segundo tiempo. Vienen quizá los minutos más extraordinarios de la historia de los Mundiales. Viene el instante en el que Lautaro la baja, arma una pared con Messi, Lautaro le pega con todo a Lloris y en el rebote Messi la mete. El gol se grita con incertidumbre, vuelve a la vida el *offside* automático, pero Lautaro está habilitado. Messi pregunta si fue, si fue gol, se lo pregunta a Di María, que se acerca a festejar. Entonces se grita otra vez, el 3-2, la historia con Alemania en el Azteca. Cuando el árbitro lo confirma, Messi lo grita otra vez y el estadio con él. Messi arenga a todos, a la tribuna, Enzo se acerca y no lo abraza, lo pechea. «Animal», le dice.

¿Cuánto queda? Nada, doce minutos, todo. Queda que en una presión sobre el área francesa vaya Huevo Acuña y, cuando la pelota se vaya afuera, uno de los suplentes, Dybala, la tire bien lejos afuera. Es una escena que se vio en el Lusail, pero que vista ahora vuelve a la teoría conspirativa del viajero en el tiempo. Un rato después, Dybala la va a tirar lejos otra vez y todavía no entró al partido, pero en unos minutos lo va a hacer. Todavía queda algo. A falta de cinco minutos para que se termine el alargue, cuando nadie pensaba que habría una frustración más, la habría. Una mano de Montiel en el área. Penal. Mbappé mira a todos a los costados, al árbitro polaco, a los compañeros, a la tribuna, a cualquier lado, pero nunca mira a Dibu Martínez. Se la cruza a su derecha sin mirarlo jamás. Otra vez el empate, esa pesadilla.

Montiel queda aturdido por la jugada. La Argentina queda así. Mbappé insiste, tira un centro en el que Kolo Muani pasa de largo. El partido se convierte en *Rumble in the Jungle.* De Ali-Foreman a Messi-Mbappé, Francia-Argentina. Todo sucede en un palo y palo. No es un partido roto, es un partido en juego. Un partido en el que los dos quieren ganar, que es abierto y que electriza al Lusail. Quizá nunca se haya visto algo así, quizá sí, quizá solo sean los nervios, pero cuando todo pase será difícil encontrar algo igual. Pensemos en Messi en ese momento. ¿Cómo es posible haberlo intentado tantas veces, tenerlo entre las manos, y que se esfume? Ya se sabe que es fútbol, pero acá parece haber algo más. Son los veinte segundos que se juegan antes del final.

En esos veinte segundos, Ibrahima Konaté, que había entrado unos minutos antes, lanza una pelota hacia el área argentina. Toda pelota hacia el área argentina se sufre sin miramientos. Pero esta se podía transformar en una daga. Es cuando cae frente a Kolo Muani. Ahí mismo no hay tiempo de respirar porque Kolo Muani, que había entrado en el primer tiempo del partido, revienta la pelota contra Dibu Martínez, que de pronto mide diez metros, que de pronto se hace más grande de lo que parece, aunque lo único que se interpone entre la tristeza y el alivio es un botín. Dibu pone todo su cuerpo, abre sus brazos, se convierte en un pavo real en defensa de su territorio. Aunque solo alcanza con su botín, con sus tapones, para que la pelota salga directo a la cabeza de Cuti Romero, que es el que la saca de la zona de peligro.

Es la imagen de un Mundial de mil imágenes. Recuerda a cuando Martín Tocalli, el entrenador de arqueros, gritó contra Australia que debía tener una así y la tuvo. Ahora tuvo una más. Es la paralización del pulso de millones, como en ese partido y como en otros. Después de eso no había más. O sí, porque en veinte segundos, que es la secuencia mundialista de la historia, Lautaro tiene un cabezazo después de un centro de Montiel que se va lejos del arco de Lloris. ¿Y era la última? Tampoco era la última, porque Francia ataca otra vez, ataca Mbappé, se mete en el área, lo pasa a Cuti y Paredes, y cuando Enzo molesta, le empasta el avance, aparece el viajero en el tiempo, o sea Dybala, y la tira lejos.

Ahora sí, respiremos un rato. Hasta los penales.

En los penales está Dibu, ya lo sabemos. Pero son los penales y Mbappé hace el primero —otra vez— aunque Dibu se la toque. Todo ocurre otra vez en el arco donde están los hinchas argentinos. Dibu todavía tiene en la cabeza la bandera celeste y blanca, la tiene a un costado, a su izquierda. La tenía así desde el partido de octavos de final contra Australia, una apuesta que le había hecho a Pezzella, Huevo Acuña y Guido Rodríguez. No entra más sufrimiento en el cuerpo argentino. Messi resuelve el suyo con una tranquilidad que no se condice con el momento, otra vez le gana la disputa mental a Lloris, que, aunque intente volverse hacia donde la tiró el genio, no va a llegar.

Dibu le ataja el penal a Coman con la cara y le come la cabeza a Tchouaméni, que la tira afuera. Dibu baila. ¿Por qué hay que sufrir más? Va Dybala. Dybala tenía pensado patear a uno de los costados, pero se acordó de lo que había dicho Dibu. Así que el cordobés cambia a último momento. Cuando llega a la pelota, recuerda el consejo del arquero argentino, que les repetía a muchos que cuando la quisieran asegurar la tiraran al medio. Dybala le hace caso y vence a Lloris, que se tira a su izquierda. Paredes le pega fuerte al suyo. Al Dibu le sacan amarilla por hablarle a Kolo Muani. «Te la saqué con el botín», le dice. «Te estuve viendo, te conozco», le insiste. Kolo Muani igual lo hace. El cuarto le queda a Montiel, es el penal del campeonato del mundo. Montiel estaba llorando un rato antes, tenía la culpa de que hubieran cobrado el penal por su mano. Ahora le tocaba patear este penal. Las revanchas a veces llegan en poco tiempo. Montiel la tiene en sus pies ahora mismo. Lo patea y sale a gritar el gol sacándose la camiseta.

¿Cómo se dice esto? Se dice como Paredes a Messi, arrodillados los dos en la mitad del campo de juego. Se dice así: «Somos campeones del mundo, somos campeones del mundo». O se dice como Messi inmediatamente después, sonriente, alegre, sin lágrimas, sin más emociones que la felicidad, hablándole a su familia, que aún está en la tribuna, desde el campo: «Ya está, ya está, ya está». ¿Qué clase de felicidad experimentamos? No lo sabemos. No lo saben los que no vivieron 1986. Pero los que vivieron 1986, algunos en el Lusail, la viven distinto. La de una selección que se fusionó con su pueblo, la de un equipo que parió el triunfo. La sensación de que esto era algo que se le debía a una generación, a Messi. Son segundos los que tarda Kun Agüero en correr desde la tribuna hacia el campo de juego, que en un rato es un hormiguero.

Habíamos esperado treinta y seis años, una vida. Habían pasado las lágrimas de Diego en Italia 90, el *doping* en Estados Unidos y el «me cortaron las piernas», se había ido la generación de Francia 98, Ortega, Crespo, Almeyda, Batistuta, Simeone, había pasado la eliminación en primera fase de Corea Japón 2002, los tiempos de los cuartos de final como lugar de corte, Alemania 2006, Sudáfrica 2010 con Diego como entrenador. Había pasado una final en Brasil 2014 y había pasado Rusia. En Qatar todo queda atrás. Y entonces todo esto que no nos cabe entre las manos, que no nos cabe en el cuerpo, es ser campeones del mundo. Lo que pasa en el Lusail es un acto de redención. Es inevitable pensar que hace dos años el fútbol argentino lloraba a Diego Maradona, su muerte, que era la muerte de la infancia de muchos, de la felicidad de muchos, que algo de nuestras vidas se nos iba, y de pronto todo lo que ocurriría después haría que el duelo fuera otra cosa. Que el recuerdo fuera de otra forma. Messi como el redentor de todo, el redentor de sí mismo. Fueron treinta y seis años de contarle a pibas y pibes lo maravillosa que había sido esa felicidad futbolera a una generación que se frustraba cada cuatro años por no poder conseguirla. Y ahora sí, ahora está acá.

Si nos imaginábamos que Messi lloraría sobre el campo de juego, bueno, eso no iba a suceder; solo quería que fueran sus hijos, su mujer, su familia, era un hombre dispuesto a disfrutar. Pura sonrisa. Todo lo que ocurre en el Lusail por esas horas es felicidad. Porque cuando todo se arma para el espectáculo, con el escenario que semejaba al símbolo del Mundial, Messi sube a recibir el premio como mejor jugador del Mundial. Lo es, es el jugador del Mundial. Como Dibu es el mejor arquero y Enzo es el mejor futbolista joven. Mbappé es el goleador, tres goles en una final de Mundial que no le habían alcanzado. «Yo quiero la copa», les dice Messi a sus compañeros. La había besado al pasar. Dibu vuelve a jugar con su premio como un falo. Messi les dice lo mismo a los periodistas. Cuando le piden una nota, responde: «Después, con la copa». Pero el resto piensa en la posteridad. Ven a los que la llevaron hasta allí, Nery Pumpido y Sergio Batista, y ya piensan lo que significa quedar en ese lugar para siempre.

Suena *La cumbia de los trapos*, Yerba Brava. Nada de *We are the champions*. La eligen los jugadores. Aparecen los que se habían perdido el Mundial. Lo Celso estaba en la concentración desde antes del partido contra Países Bajos. El plantel lo extrañaba. Más allá de lo que significaba para el equipo, a sus compañeros les había dolido perderlo. Kun Agüero, retirado después de su problema en el corazón, había pasado la noche en la pieza de su amigo Messi. Los jugadores habían pedido por Joaquín Correa, Nicolás González, Juan Musso, Lucas Martínez Quarta y Roberto Pereyra. El Tucu había sido parte de otras convocatorias, lo querían mucho. Todos viajaron a Doha para levantar la copa, pero ninguno quiso quedarse en la Universidad de Qatar. Salvo Lo Celso y Kun, el resto se fue a un hotel. Cosas de cábalas, quizá por no querer molestar a un equipo que la noche anterior la había pasado con tranquilidad aunque costara dormir. Algunos se quedaron despiertos hasta la 1.30, otros hasta las 3.30, algunos acostados pero con los ojos abiertos.

Todo ese grupo de amigos está ahora en el campo de juego. Los que habían jugado y los que no, los que se quedaron afuera. Pero de lo que nadie se podía quedar afuera era de la celebración. Festeja el Papu Gómez, que fue importante en el Mundial y se tuvo que bancar una lesión en los últimos partidos. Sabía que no podría jugar, pero lo disfrutaba igual. Papu había sentido un dolor muy fuerte por haber quedado afuera en Rusia 2018. Había jugado eliminatorias y amistosos, quizá pensó que en ese momento se le iba una oportunidad única. Pero acá está, con treinta y cuatro años, campeón del mundo.

Messi sube otra vez al escenario. Ya sus compañeros tienen la medalla. Saluda a Infantino, se abraza con el emir, le da la mano a Emmanuel Macron, se abraza con Chiqui Tapia, saluda al resto. Y le ponen el *bisht*, la túnica árabe, un traje de gala. Entonces cuando pasa, cuando le entregan la copa del Mundo, el mundo se equilibra. Al menos el mundo del fútbol. Messi va despacio hacia sus compañeros con la copa en la mano, y levanta los 6 kilos y 170 gramos, los 36,8 centímetros de 5 kilos de oro sólido de 18 quilates, la base de 13 centímetros de diámetro con dos anillos concéntricos de malaquita, un mineral de color verde. Explota el Lusail. Explota en serio, con fuegos artificiales que se ven desde el hueco del techo. ¿Qué pasa en ese momento? Se prenden fuego los insultos en la cancha de Colón en la Copa América 2011, las críticas de algunos periodistas, de si no cantaba el himno, de si no le interesaba, las frustraciones de tantos momentos, todo eso puede pasar por la cabeza de Messi. Pero ya está, ahora es campeón del mundo. Lo sabe él, lo sabe Antonella, su mujer, lo saben sus padres, Jorge y Celia, sus hermanos, y sobre todo lo saben sus hijos, Thiago, Mateo y Ciro, que ya son grandes para verlo, para disfrutarlo. Para que esos pibes lo recuerden por siempre así. «Me faltaba esto y acá está», diría después.

Empieza la vuelta, la alegría. Kun Agüero lleva a su amigo en andas hasta que le revienta la espalda. Todos toman *champagne*. La copa que habían entregado volvería a Zúrich, al museo de la FIFA. Se la llevaron una vez que arrancaba fuerte el festejo. Quedaría una réplica oficial de cobre y cinc en su interior con un baño de tres capas de oro. Ya el *champagne* había circulado mucho. Checho Ibáñez, un amigo de Paredes, había entrado a la cancha otra copa, una trucha que tenía en el Lusail un matrimonio argentino. De pronto llega a las manos de Messi, hay fotos, vuelta, videos con esa copa. Di María le avisa, Messi se ríe. Scaloni se pone la camiseta de la sub-20 en Malasia 97, una camiseta azul con la 18. Se la da un hincha, Tomás Calvo, que la tenía desde hacía varios partidos.

Cuando los jugadores llegan al vestuario, les avisan que tendrán que salir a dar una vuelta en micro por Doha: deben pasar por el palacio real. Obviamente preferirían no hacerlo. Un micro descapotable los esperaba en la calle. Los jugadores se negaban, querían quedarse en el vestuario. Pero salieron. La fiesta se convierte también en la fiesta de los hinchas de Bangladesh, los hinchas de India, los hinchas de Nepal, de todos los que aman a Messi. No es solo una fiesta argentina. O también lo es, pero de pronto esto es el tercer mundo. Una multitud comienza a reunirse en cada lugar de la Argentina. Es la multitud que unos días después se juntaría en el Obelisco y en el conurbano bonaerense. Una movilización popular completamente inédita, histórica, cinco millones de personas en las calles. Serían los días en los que se comenzarían a cumplir las promesas, a hacerse tatuajes con Messi, con el Dibu, con la copa, con la carta del cinco de copas. Una felicidad que se prolongaría por mucho tiempo, la felicidad de un pueblo golpeado por sus crisis económicas pero que ahora tenía algo para celebrar. Primero eso. Segundo, Francia.

Y ahora en Doha, en la noche, lo que hay es el clamor de otro mundo, del Mundial árabe. Eso que había empezado con Maradona en 1986 sigue con Messi en 2022. La alegría no es solo argentina, la alegría es la de un mundo que parece ajeno y es cercano. El primer Mundial árabe es el Mundial de Messi, de la Argentina. El vuelo para regresar ya estaba previsto para la madrugada, pero se iba a demorar, porque nadie se quería ir de Qatar. Se sabría recién en ese momento que la confianza en el equipo era tanta que la AFA no previó ningún *charter* de regreso para partidos anteriores. Estaba segura de que se quedarían hasta el final.

Es por esas horas, durante la conferencia de prensa, que Scaloni recuerda un diálogo con Messi. Después del empate con Brasil en San Juan por cero a cero, con el que la Argentina se clasificó para Qatar 2022, Scaloni sintió la inmensidad de todo lo que se venía. Podía ser el último Mundial de Messi. El equipo, además, enloquecía a los hinchas, les generaba una expectativa acorde a lo que ese grupo daba. Scaloni atravesaba también lo que sucedía con sus padres desde los días de la Copa América. Habían sufrido por ese tiempo un accidente cerebrovascular. Con todo eso, con ese dolor, el entrenador siguió adelante. Ahora es el técnico campeón del mundo, como Menotti, como Bilardo. Pero además el que más títulos ganó, aunque a él no le importen esas estadísticas.

Pero esa noche, después del partido en San Juan contra Brasil, Scaloni sintió que tenía que hablar con Messi antes de que el jugador regresara a París. Lo que venía era difícil porque la expectativa era demasiado grande. Había que sobrellevar esa responsabilidad. Había ansiedad, también temor.

—Leo, la gente está muy entusiasmada con esta selección, lo que se generó es muy fuerte y la desilusión también puede ser muy fuerte —le dijo a Messi.

—¿Qué importa? Seguimos, seguimos porque seguramente va a ir bien. Y si no va bien, no pasa nada. Hay que intentarlo.

En eso que le dijo Messi a Scaloni está todo.

Eso fue Qatar, el Mundial, la tercera estrella argentina.

# Agradecimientos

## Agradecimientos de Gastón Edul

A Silvana y Emir por ser el refugio cuando todavía había que formarse.

A Guido por enseñarme y acompañarme con su serenidad y reflexión.

A Esteban por inculcarme el oficio y dejar que me enamorara de la profesión.

A TyC Sports por elegirme para la cobertura.

A Alejandro Wall por su entusiasmo y energía.

Al plantel de la selección argentina por darme un lugar y dejarme contarle a la gente lo que pasaba con ellos.

A Leo Messi por su legado que no nos cansaremos de relatar.

## Agradecimientos de Alejandro Wall

A Rodolfo González Arzac por la insistencia en hacer este libro incluso antes del Mundial.

A Marcelo Panozzo por el reencuentro después de *Academia, carajo*.

A Gastón Edul por compartir este laburo con seriedad y velocidad después de haber hecho un mundialazo.

A mis hijos Camilo y Santiago por bancar la ausencia durante el mes mundialista y por ese regreso en el que volvimos a ver juntos la final. Los amo, campeones del mundo.

A mi vieja Beba, mis hermanos Silvina y Gustavo, y en ellos a todo el familión que tanto aguanta. Y por supuesto a mi viejo Osvaldo, siempre conmigo.

A Mey por ser mi compañera, mi refugio y el amor en estos días frenéticos. Y por tener siempre las palabras justas.

A mis compañeros de *Tiempo Argentino* que sostienen un medio autogestivo que da orgullo y que permite coberturas como esta.

A Alejandro Bercovich, Noelia Barral Grigera, Nahuel Prado, Fernando «Cacu» Cacurri, Mauro Eyo, Juan Lehman, Sol Amato, Rodrigo López, mis compañeros de *Pasaron cosas*. Porque sin *Pasaron* y sin *Tiempo* no hubiera habido Qatar 2022.

A Andrés Burgo, Ezequiel Fernández Moores, Santiago Salton y Mauro Suárez, la banda de *Era por abajo*.

A Pablo Provitilo y a toda la gente de la revista *Acción*. También a María Jesús Zevallos, editora del *Post Opinion*. Y a Canal Catorce de México. En cada uno de esos lugares también me permitieron contar historias desde Qatar.

A Fernández Moores, mi amigo y mi maestro, mi cómplice mundialista en Brasil, Rusia y Qatar.

A Daniel Arcucci por esas charlas en las madrugadas de Doha de las que aprendí tanto.

A Fernando Segura Trejo y Armando Meneses por las tertulias argentino-mexicanas.

A Andrés Morán por su talento en redes.

A Emiliano Gullo por su amistad y su buen ojo para leer, corregir y proponer.

A Pablo Siano por haber confiado.

A Martín Ale, por ese chat antes de la final.

A Marcelo Gantman y Martín Goldbart, siempre *taganskayos*.

A Noe, Burgo, Ana Correa, Juan Herbella, Guillermo Blanco, Fernando Signorini, Roberto Saporiti, Diego Pietrafesa, Rodrigo Daskal, Roberto Parrottino, Marcela Mora y Araujo, Manuela Martínez, Valeria Grossi, Federico Amigo y Nicolás Zuberman por las lecturas, los consejos y las respuestas rápidas para resolver dilemas.

Al Sipreba, siempre.

A los amigos de SOBA, que me hicieron reír mientras tanto.

A los campeones del mundo porque el fútbol es de los futbolistas.

A Lionel Messi por lo inolvidable.